LA ASAMBLEA QUE CONDENÓ A JESUCRISTO

AUGUSTIN LÉMANN y JOSEPH LÉMANN

LA ASAMBLEA
QUE CONDENÓ
A JESUCRISTO

EDICIONES RIALP
MADRID

Título original: *Valeur de'assemblée qui prononça la peine de mort contre Jesús-Christ* (1881)

© 2026 de la versión española realizada por Carmelo López-Arias. Montenegro, *by* EDICIONES RIALP, S. A., Manuel Uribe 13-15 - 28033 Madrid (www.rialp.com)

Primera edición en bolsillo: 2004
Segunda edición: 2026

ISBN (edición impresa): 978-84-321-7364-6
ISBN (edición bajo demanda): 978-84-321-7365-3
ISNI: 0000 0001 0725 313X
Depósito legal: M-3807-2026
Impreso en Anzos, S. L., Fuenlabrada (Madrid)

Aprobación pontificia

Queridos hijos, salud y bendición apostólica.

La respetuosa carta que Nos habéis dirigido en los primeros días de diciembre, y el obsequio de vuestro libro titulado *La asamblea que condenó a Jesucristo*, Nos han permitido conocer todavía más el celo ardiente que os impulsa a trabajar para convertir la nación judía a la verdad católica. Este único motivo bastaría para que vuestro envío Nos resultase agradable; pero lo que Nos ha alegrado todavía más es que tanto el tema mismo de la obra como lo que hemos leído en ella Nos ha parecido que también serían útiles a los lectores católicos, siendo su finalidad esclarecer con una luz todavía más clara una parte de la historia evangélica. Por ello, al mismo tiempo que dirigimos hacia vuestro celo una alabanza bien merecida y os agradecemos el homenaje que Nos habéis ofrecido, suplicamos con humildad al Señor que aquellos a quienes os esforzáis en ayudar más principalmente obtengan frutos abundantes de vuestros trabajos. Y puesto que, según el oráculo del profeta Oseas, *"los hijos de Israel permanecerán muchos días sin rey ni príncipe, sin sacrificio ni altar"* (Os. 3, 4), que comiencen pronto a cumplirse esas otras palabras del mismo profeta: *"después los israelitas volverán a buscar a Yahveh, su Dios, y a David, su rey" (Os. 3, 5).*

Apoyándonos en esta esperanza, como testimonio de Nuestro paternal afecto y como prenda del favor divino, os concedemos con amor la bendición apostólica.

Dado en San Pedro, Roma, el 14 de febrero de 1877, año trigésimo primero de Nuestro Pontificado.

Pío IX, Papa

ÍNDICE

Objeto de este escrito

De todas las asambleas cuya responsabilidad ha perdurado en la historia, sobre una pesa una responsabilidad excepcional: la que presidió los últimos días de vida nacional del pueblo judío. Fue ella la que juzgó y condenó a Jesucristo. Lleva en la historia un nombre especial: se la denomina *sanedrín*.

Pronunciar ante los israelitas la palabra *sanedrín* es recordarles la asamblea para ellos más docta, más equitativa y más honorable que haya existido jamás. ¡Pobre de quien ose, en presencia de sus correligionarios, lanzar el más mínimo reproche hacia cualquiera de sus hombres o de sus actos! ¡No sería menos culpable que si hablase contra el arca de la Alianza!

Y sin embargo, ¿conocen a fondo los israelitas esa asamblea hacia la cual guardan tanta veneración? Nos atrevemos a afirmar que no. Desde la infancia se les acostumbra a respetarla, pero ignoran lo que era o lo que hizo: ignorancia terrible, impuesta a propósito por el rabinismo. ¡Siempre las palabras de San Pablo: *"la verdad oprimida por los hombres"* (*Rom.* 1, 18)!

Nosotros pretendemos, con la ayuda de Dios, rasgar ese velo. Nuestros antiguos correligionarios podrán por fin conocer la verdad. Han pasado por nuestras manos documentos judíos de la mayor importancia y de una autenticidad irrecusable. Nos servirán para dar a conocer de forma exhaustiva cuál era el valor del sanedrín.

El valor de una asamblea se pone de manifiesto de dos formas: en primer lugar, estudiando las personas que la forman; y después, estudiando los actos que realiza. Por lo cual, para valorar la alta asamblea judía de tiempos de Jesucristo, nos hará falta tratar sucesivamente dos cuestiones: en primer lugar, examinar el valor, como personas, de los miembros que la componían; en segundo lugar, examinar el valor, ante el derecho hebraico, de su proceso contra Jesucristo. Valor de las personas y valor de los actos: tales son las dos partes de este escrito.

La primera no ha sido emprendida jamás. La dificultad de conseguir los pergaminos judíos, de descifrarlos, de estudiarlos para encontrar aquí y allá información sobre los diferentes miembros que constituían el sanedrín en tiempos de Jesucristo, siempre ha detenido a los historiadores. Y así, han solido limitarse a juzgar a toda la asamblea por los dos personajes de más relieve, Anás y Caifás.

La segunda ya fue intentada, hace treinta años, en un opúsculo titulado *Jésus devant Caïphe et Pilate* (Garnot, París 1850). Este trabajo se debe a la pluma del honorable señor Dupin, antiguo fiscal del Tribunal Supremo, quien la llevó a cabo para refutar al israelita Salvador, que había intentado legitimar el juicio y la condena de Jesús en su *Histoire des institutions de Moïse et du peuple hébreu,* t. I, l. IV, c. III *[Jugement et condamnation de Jésus].* En el escrito de Dupin resplandecen la claridad y la ciencia y, añadimos, el respeto hacia Jesucristo. También tenemos fundamento para creer que le mereció al autor su franca profesión de fe cristiana, antes de morir, en brazos del arzobispo de París, Mons. Darboy.

Pese a todo, el trabajo de Dupin, por luminoso que sea, no agotó la cuestión. Nos atrevemos a esperar que el nuestro podrá añadir alguna cosa. Porque, aparte de que Dupin no examinó en modo alguno la moralidad de los miembros del sanedrín, absolutamente desconocidos para él, tampoco revisó el proceso de Jesús más que a grandes rasgos y de forma rápida, sin entrar en todos sus vericuetos e incidentes. En su trabajo se reconoce la mano del fiscal del Tribunal Supremo, a quien bastan algunas barbaridades judiciales para declarar que semejante juicio merecía sin duda la casación. En nuestro caso, creímos que debíamos retomar el proceso de Jesús paso a paso, en todos sus detalles, con la legislación judía en la mano. Lo hemos revisado en cuanto hijos de Israel.

Además, el trabajo de Dupin plantea una acción confusa del pueblo judío y de sus jefes, pero no deslinda los grados de culpabilidad. Nosotros, en nuestro trabajo, tomando aparte al sanedrín, decimos:

"¡he ahí al gran culpable! Fue él quien extravió al pueblo judío", y mostramos luego las intrigas del sanedrín dirigido por Caifás.

En otro trabajo, que aparecerá más adelante, estudiaremos igualmente la parte de responsabilidad que recae sobre toda la nación judía. Dicho escrito se titulará *El sanedrín y el pueblo judío ante Pilatos*.

Parte primera

LAS PERSONAS

Capítulo I
El sanedrín en tiempos de Jesucristo

El sanedrín o gran consejo era el alto tribunal de justicia, el Tribunal Supremo de los judíos. Fue establecido en Jerusalén después del exilio de Babilonia. Según se dice, su modelo habría sido el famoso consejo de los setenta ancianos instituido por Moisés en el desierto (*Deut.* 17, 8-9).

Basándose en esta semejanza, los rabinos, siempre inclinados a exagerar cuando se trata de glorificar ante la historia las instituciones judías, han pretendido identificar al sanedrín con dicho consejo. Según ellos, el consejo de los setenta ancianos instituido por Moisés se habría mantenido y perpetuado, junto con el poder real, a través de los siglos de la antigua ley. Sólo en los últimos tiempos habría modificado su nombre. Esencialmente idéntico, en un momento de la historia se habría denominado *sanedrín* en vez de *consejo de los ancianos*.

Esta afirmación es exagerada. El consejo de los setenta ancianos, elegido por Moisés, sólo duró un tiempo muy limitado. Fue creado para ayudar al gran legislador de los hebreos en la administración de la justicia, y desapareció tras la entrada de Israel en la tierra prometida. Si, como pretenden los rabinos, se hubiese conservado junto al poder real, la Biblia, Josefo o Filón lo habrían mencionado.

Ésa es la verdad. El sanedrín aparece por primera vez en la época macabea. Unos sitúan su fundación bajo el gobierno de Judas Macabeo, otros bajo el de Jonatán, otros finalmente bajo el reino de Juan Hircano. Sea como fuere, la fecha se ubica entre los años 170 y 106 antes de Cristo.

También resultará interesante para el lector conocer la etimología del término *sanedrín*[1]: tomado de la palabra griega *synédrion,* significa *reunión de personas sentadas* (es conocida la calma y gravedad con que los orientales acostumbran a tratar las cuestiones).

Tales son, por decirlo así, los aspectos externos de esta famosa asamblea. Veamos ahora su composición. En cierto modo, introduciremos al lector en el interior del sanedrín.

Estaba compuesto por setenta y un miembros, incluidos los presidentes. Este número lo afirman Josefo y todos los historiadores judíos[2]. En tiempos

---

[1] Este tribunal supremo también se denomina históricamente con otros nombres. El segundo libro de los Macabeos (1, 10) lo llama *guerusía* o senado. La Vulgata, *concilium* o gran consejo (*Mt.* 26, 59, *Lc.* 22, 66). El Talmud lo denomina en ocasiones *tribunal de los asmoneos o macabeos,* pero más comúnmente sanedrín. Todos estos nombres son equivalentes. Pero es *sanedrín* el que ha prevalecido históricamente. Lo emplean el texto griego de los Evangelios, el historiador Josefo (*Antigüedades judías,* XIV, V, 4; *Guerra de los judíos,* I, VIII, 5) y los escritos rabínicos (Talmud, tratado *Sanedrín).*

[2] Josefo, *Guerra de los judíos,* II, XX, 5. Maimónides, *Yad-Schazaka* [mano poderosa] o *Compendio del Talmud,* libro XIV *(Constituciones del sanedrín),* cap. I.

de Jesucristo, estos setenta y un miembros se distribuían en tres cámaras: la cámara de los sacerdotes, la cámara de los escribas y doctores, y la cámara de los ancianos, cada una de ellas compuesta normalmente por veintitrés miembros, lo cual, con los presidentes de que hablaremos enseguida, hacía un total de setenta y uno.

La cámara de los sacerdotes, como su nombre indica, sólo estaba compuesta por personas con rango sacerdotal. La cámara de los escribas incluía a los levitas y a los laicos particularmente versados en el conocimiento de la ley. La cámara de los ancianos estaba formada por los personajes más notables de la nación.

Todos los escritores de la época, tanto cristianos como hebreos, mencionan esta composición de la asamblea por los tres órdenes principales del Estado judío. El Evangelio dice formalmente que los sacerdotes, los ancianos y los escribas se reunieron para juzgar a Jesús *(Mt.* 16, 21; *Mc.* 14, 53 y 15, 1; *Jn.* 11, 47; *Hech.* 4, 5). Y Maimónides, tan bien informado sobre las tradiciones y costumbres israelitas, asegura que *"sólo se incorporaban como jueces al sanedrín los sacerdotes, los levitas y aquellos israelitas dignos, por la nobleza de su origen, de ocupar un lugar al lado del sacerdocio"* [3].

Aunque en principio los setenta y un miembros debían repartirse por igual número entre las tres cámaras (veintitrés para la cámara de los sacerdotes,

---

[3] *Op. cit.,* cap. II.

veintitrés para la cámara de los escribas y veintitrés para la cámara de los ancianos), no siempre se observaba esta distribución con rigor. Ocurrió más de una vez, sobre todo en los últimos años de la historia judía, que la cámara de los sacerdotes constituía ella sola la mayor parte del sanedrín. La razón de este predominio la ha explicado Abarbanel, uno de los más célebres rabinos de la sinagoga: *"los sacerdotes y los escribas dominaban el sanedrín de forma natural, pues no habiendo recibido, como los demás israelitas, bienes raíces que cultivar y hacer fructíferos, tenían más tiempo que consagrar al estudio de la ley y de la justicia; de donde se sigue que resultaban ser más aptos para dictar sentencia"* [4]. La observación de este docto rabino encuentra su confirmación en el Evangelio, que en múltiples lugares *(Mt.* 26, 59; *Jn.* 11, 47-56, y 12, 10; *Hech.* 5, 21-27 y 22, 30) da a entender que en el sanedrín la cámara de los sacerdotes prevalecía sobre la de los escribas y los ancianos en número e influencia.

Una vez determinada la composición del sanedrín[5], veamos ahora quién lo presidía en la conducción de los debates. Había dos presidentes: uno se denominaba *nasi* [príncipe] y era el verdadero presidente; el otro se llamaba *ab bet din* [padre del tribu-

---

[4] Abarbanel, *Comentarios sobre la ley,* fol. 366, recto.
[5] Esta composición de la gran asamblea en sacerdotes, escribas y ancianos tenía un precedente en la historia judía: *"también en Jerusalén estableció Josafat levitas, sacerdotes y jefes de las casas patriarcales de Israel, para administrar la justicia de Yahveh y sustanciar los litigios de los habitantes de Jerusalén" (II Crón.* 19, 8).

nal] y era sólo su vicepresidente. Ambos ocupaban lugares de honor. Se sentaban en sendos tronos al fondo de la sala, teniendo en torno a sí, sentados sobre unos asientos dispuestos en semicírculo, a todos sus colegas. En cada extremo del hemiciclo se situaba un secretario.

Pero ¿cuál de las tres cámaras elegía al presidente? Algunos autores, como Basnage[6], han sostenido que la presidencia del sanedrín pertenecía por derecho al sumo sacerdote. Es un error. Al igual que, en la primitiva asamblea instituida en el desierto, el presidente no fue el sumo sacerdote Aarón sino Moisés, también la presidencia del sanedrín se adjudicó desde el principio al más digno. Y en efecto, en el catálogo de presidentes conservado por el Talmud, muchos no pertenecen al sacerdocio. Por lo demás, Maimónides, que estudió a fondo la cuestión, dice expresamente que *"cualquiera que aventajase en sabiduría a sus colegas era constituido por ellos como jefe del sanedrín"*[7]. Con todo, es importante añadir que cuando la influencia de los sumos sacerdotes se hizo preponderante en el Estado judío (lo cual sucedió tras la reducción de Judea a provincia romana), el sumo sacerdote en funciones solía acumular la función soberana del sacrificio y la presidencia del sanedrín. ¡Hasta se le ve apropiarse violentamente de esa presidencia! ¿Cómo extrañarse entonces de su venalidad e injusticia? Estando envenenada la fuente de

---

[6] *Histoire des Juifs*, t. VI, p. 23. La Haya, 1716.
[7] *Op. cit.,* cap. I.

su elección, las consecuencias del cargo se resentían del veneno. En muchas ocasiones no tuvieron escrúpulo en contentarse, para decidir sobre las cuestiones más graves, con sólo la mitad o incluso la tercera parte de los miembros de la asamblea.

Y decimos las cuestiones más graves porque sólo se remitían a examen del sanedrín las dificultades principales en materia de justicia, doctrina o administración. *"El juicio de los setenta y uno —dice la Mischná— se invoca cuando el asunto concierne a toda una tribu, o a un falso profeta, o al sumo sacerdote; cuando se trata de saber si debe hacerse la guerra; si hay que agrandar Jerusalén y sus arrabales, u obrar en ellos cambios esenciales; si deben instituirse tribunales de veintitrés miembros en las provincias, o declarar que una ciudad es impía y se la sitúa bajo interdicto"* [8]. Esta cita de la Mischná nos revela la amplitud de las atribuciones del sanedrín. La asamblea era verdaderamente soberana. Cuando no era todavía más que prefecto, Herodes el Grande fue obligado a comparecer como acusado delante de ella, por haber ordenado por su propia autoridad la muerte de una cuadrilla de bandidos [9]. Todo el poder del rey Hircano no pudo dispensar a Herodes de esta comparecencia. La extensión de los poderes del sanedrín era pues casi equivalente al poder real.

Es importante empero señalar una restricción extremadamente importante que el sanedrín se había

[8] Mischná, tratado *Sanedrín,* cap. I, n. 5.
[9] Josefo, *Antigüedades judías,* XIV, IX, 4.

impuesto a sí mismo en su derecho sobre la vida y la muerte. Pronto veremos en qué medida gozaba el sanedrín de ese derecho ante el poder romano. Lo que queremos señalar ahora es un límite que procedía del lugar mismo donde se pronunciaba la sentencia de vida o de muerte.

En efecto, no había más que una sala en Jerusalén donde se podía pronunciar la pena capital. Se llamaba *gazit* o sala *de las piedras de sillería.* Estaba situada en una de las dependencias del templo[10]. Se le había dado el nombre de sala *de las piedras de sillería,* porque había sido construida con piedras cuadradas y bien pulidas, lo cual constituía en Jerusalén un lujo considerable[11].

Ahora bien, la tradición judía es unánime en afirmar que era ahí, y sólo ahí, donde se podía dictar legalmente una pena capital. *"Cuando se abandona la sala Gazit —dice el Talmud— no se puede dictar contra nadie una sentencia de muerte"*[12]. *"Las penas capitales no se pronunciaban en cualquier lugar —añade la*

[10] Talmud, tratado *Sanedrín,* cap. XIV. No ha lugar para extrañarse de que el sanedrín se reuniese en uno de los edificios del templo. Ya en tiempos de los Reyes se sentaba allí un consejo de ancianos, como se lee en los Paralipómenos: *"a Obededom y sus hijos tocó por suerte la del Mediodía, en cuya parte del Templo estaba el consejo de los ancianos"* (*I Crón.* 26, 15).

[11] La Escritura señala que Salomón ordenó emplear para la construcción del templo piedras grandes, y que se tuviese cuidado de tallarlas bien *(I Rey.* 5, 17-18). Sobre el lujo de las piedras de sillería, *vid.* Amós (5, 11).

[12] Talmud de Babilonia, tratado *Abodá Zará, o de la Idolatría,* cap. I, fol. 8, recto.

glosa del rabino Salomón—, *sino sólo cuando el sanedrín se congregaba en la sala de las piedras de sillería*"[13]. Y he aquí una vez más el testimonio de Maimónides: *"sólo podía haber sentencia de muerte si el sanedrín se sentaba en su lugar"* [14].

Esta costumbre de pronunciar la pena capital únicamente en la sala *de las piedras de sillería* no apareció hasta los últimos tiempos de la historia judía, en torno a un siglo antes de Jesucristo. No se aprecia la más mínima huella de tan singular determinación ni en tiempos de los Jueces ni en tiempos de los Reyes: cuando lo exigía la justicia, se podía pronunciar la pena de muerte en cualquier lugar. Basta abrir la Biblia para convencerse de ello.

Como hemos dicho, esta disposición que vinculaba, por así decirlo, el derecho sobre la vida y la muerte con la sala *de las piedras de sillería,* no apareció hasta la última fase del pueblo hebreo. ¿Cómo se introdujo? Ningún autor lo indica. Sólo se sabe el motivo que dio lugar a esta singularidad[15]. El Deuteronomio había dicho: *"si te resulta demasiado difícil una causa judicial (...) irás y subirás al lugar que Yahveh, tu Dios, haya elegido (...) obrarás de acuerdo con la sentencia que te hayan declarado desde aquel lugar que Yahveh hubiere escogido"* (Deut. 17, 8-10). Pues bien, exagerando la importancia de este mandato, los jefes de la Sinagoga que vivieron un siglo antes de

[13] *Vid.* en Raymond Martin, *Pugno fidei,* Leipzig, pág. 872.
[14] *Tratado del Sanedrín,* cap. XIV.
[15] Talmud de Babilonia, *loc. cit.*

24

Jesucristo se persuadieron de que, para obedecer puntualmente a la ley, era necesario acudir *"al lugar que Yahveh, tu Dios, haya elegido"* siempre que se presentase un caso *"demasiado difícil"*. Ahora bien, ¿qué caso más difícil para ellos que dictar una pena capital? ¿Y qué lugar había elegido el Señor, sino el Templo? Así pues, partiendo de esta interpretación estricta y forzada, los jefes de la Sinagoga llegaron a no querer ya ejercer el derecho sobre la vida y la muerte si no era en una sala especial del Templo. De ahí la costumbre que circunscribía dicho ejercicio a la sala *de las piedras de sillería*. Como puede apreciarse, despuntaba ya la interpretación exagerada y literal que los talmudistas llevarían después tan lejos.

En consecuencia, es seguro que en tiempos de Jesucristo la costumbre que circunscribía el ejercicio del derecho sobre la vida y la muerte a la sala *de las piedras de sillería* tenía fuerza de ley, y que toda sentencia pronunciada fuera de esa sala era de hecho nula. Esta observación es importante; en seguida se comprenderá por qué.

Capítulo II
Limitación de los poderes
del sanedrín

Hemos esbozado la organización del sanedrín en la época de Jesucristo: lo constituían tres cámaras. Luego hemos concretado sus poderes: muy amplios, como el lector ha podido juzgar. Mas un hecho notable había quebrantado y reducido su autoridad. Dada su importancia, hemos preferido darlo a conocer aparte en este capítulo.

El hecho es que veintitrés años antes del proceso de Jesucristo, el sanedrín había perdido el derecho de condenar a muerte. Este grave acontecimiento se produjo tras ser depuesto el rey Arquelao, hijo y sucesor de Herodes, el año once de Jesucristo (séptimo de la era común)[16]. Judea había sido reducida a provincia romana, y los procuradores, que gobernaban en nombre del emperador Augusto, habían quitado al sanedrín el *ius gladii*, es decir, el derecho soberano de vida y de muerte, para ejercerlo ellos mismos. Toda provincia adherida al Imperio debía someterse a esto; como escribió Tácito, *"los romanos se reservan el derecho a usar la espada y olvidan el*

---

[16] Josefo, *Antigüedades judías*, XVII, XIII, 1-5.

resto". El sanedrín seguía conservando el poder de excomulgar *(Jn.* 9, 22), encarcelar *(Hech.* 5, 17-18) o flagelar *(Hech.* 16, 22), pero carecía ya del derecho de sentenciar a muerte, atributo principal de la soberanía. El mismo Talmud, tan celoso de la independencia de la nación judía, se ve forzado a confesarlo: *"unos cuarenta años antes de la destrucción del templo, le fue arrebatado a los judíos el derecho de dictar sentencia capital"* [17]. Fue para la Judea un golpe letal, del que no se recuperaron ni los judíos contemporáneos de Jesucristo, ni toda la posteridad judía.

Cuando los miembros de la asamblea contemporáneos de Cristo vieron que se les arrebataba el derecho sobre la vida y la muerte, la desolación fue general, según narra el rabino Rachmon: *"los miembros del sanedrín se cubrieron la cabeza de cenizas y se vistieron con cilicios, diciendo: Malditos seamos porque se le ha quitado el cetro a Judá y el Mesías no ha venido"* [18]. Asimismo intentaron escapar muchas veces al decreto imperial, siempre procurando convencerse a sí mismos de que, si bien ya no tenían el derecho de ejecutar sentencias capitales, conservaban al menos el de pronunciarlas en materia religiosa. ¡Era una ilusión por su

[17] Talmud de Jerusalén, tratado *Sanedrín,* fol. 24, recto. Según el sabio israelita Dérembourg, esos cuarenta años constituyen una cifra redondeada. Se refieren a la época de Poncio Pilatos, procurador entre los años 18 y 37. Sin embargo, es poco probable que los judíos hayan conservado el *ius gladii* hasta esa fecha; debió desaparecer después de Coponio, el año 7 d.C. *(Essai sur l'histoire et la géographie de la Palestine, d'après les Talmuds et les autres sources rabbiniques,* París 1867, pág. 90).

[18] Raymond Martin, *op. cit.,* pág. 872.

parte! Siempre que pronunciaron una sentencia de muerte, como en el caso de Jesucristo, San Esteban (*Hech.* 6, 12-15; 7, 57-60), o Santiago hijo de Alfeo, lo hicieron infringiendo la ley romana. El más célebre de los historiadores judíos, Josefo, testigo de esta decadencia, lo dice expresamente: *"cuando murió el emperador Festo, como su sucesor Albino necesitaba tiempo para llegar, el sumo sacerdote Ananías, hijo de Anás, pensó que era la ocasión propicia para reunir al sanedrín. Hizo entonces comparecer a Santiago, hermano de Jesús, llamado Cristo, y a algunos otros, y les condenó a la lapidación. Todas las personas sabias y observantes de las leyes de Jerusalén desaprobaron mucho esta acción. Algunos acudieron a Albino, que ya había salido de Alejandría, para prevenirle y observarle que Ananías no tenía derecho alguno a reunir al consejo sin su permiso. Albino se convenció de ello con facilidad, y lleno de cólera contra el sumo sacerdote le escribió diciendo que le castigaría"* [19]. Este incidente y este testimonio prueban de forma irrefutable que a los ojos de Josefo y de las personas sabias de la nación y observantes de las leyes, el derecho sobre la vida y la muerte se había perdido.

Pero no sólo el sanedrín quedó conmocionado por esa pérdida: puede decirse que toda la nación judía con él. Veamos las fábulas que han imaginado los rabinos para atenuar el golpe terrible asestado al último resto de su independencia nacional, y hacernos creer que el sanedrín gozaba todavía de ese poder sobre la vida y la muerte.

[19] Josefo, *op. ult. cit.*, XX, IX, 1.

En primer lugar dicen que no fueron los romanos quienes arrebataron a la asamblea su poder soberano, sino la asamblea misma la que creyó conveniente privarse de él por un tiempo; y he aquí por qué: *"los miembros del sanedrín, al comprender que el número de asesinatos había crecido de tal manera en Israel que resultaba imposible condenarlos todos, se dijeron: será ventajoso que abandonemos el lugar habitual de nuestras sesiones, y nos establezcamos en otro lugar, de modo que podamos evitar las condenas a muerte"* [20]. Y también: *"cuarenta años antes de la destrucción del segundo templo cesaron los juicios criminales en Israel, aunque el templo todavía estuviese en pie. Esto ocurrió porque los miembros del sanedrín emigraron y dejaron de reunirse en la sala de las piedras de sillería"* [21].

Tal es el primer motivo alegado por los rabinos para explicar cómo había perdido el sanedrín el derecho sobre la vida y la muerte: no dictar ninguna sentencia capital, porque en aquellos tiempos desventurados habrían sido demasiado numerosas.

---

[20] Talmud de Babilonia, tratado *Abodá Zará o de la Idolatría*, fol. 8, recto. *"Tal era la frecuencia de los homicidios que, para no tener que dictar las sentencias de muerte, los miembros del sanedrín abandonaron el lugar de sus sesiones"* (Abraham Jacut, *Liber Yujasin*, fol. 21, verso y fol. 26, recto). Véase también Rabí Michel Kotsensis, en su *Gran Libro de los preceptos*, pág. 102. Michel Kotsensis, célebre rabino, vivió en Toledo en 1230. Su libro *De los preceptos* es un resumen de los dos Talmud, el de Jerusalén y el de Babilonia. Editado por primera vez en Venecia en 1522, fue reeditado en Bamberg en 1547.

[21] Maimónides, *op. cit.*, cap. XIV. *Vid.* también el Talmud de Babilonia, tratado *Abodá Zará*, fol. 8.

Pero a esta explicación, que no encuentra justificación en la historia, creyeron que debían añadir otra, tal vez más hábil: los miembros del sanedrín habrían tomado la resolución de no dictar ninguna sentencia capital mientras el suelo de la Judea estuviese en poder de los romanos, y la vida de los hijos de Israel amenazada por ellos. Como puede verse, esta motivación no carece de una cierta habilidad: *"¡enviar al último suplicio a un hijo de Abraham en el momento en que la Judea, totalmente invadida, temblaba al paso de las legiones romanas, habría sido injurioso para la vieja sangre de los patriarcas! ¿Acaso no es el último de los israelitas, por criminal que sea, y sólo por descender de Abraham, un ser superior a los gentiles? ¡Abandonemos pues esta sala de las piedras de sillería, fuera de la cual no se puede condenar a muerte. Y manifestemos así, mediante ese exilio voluntario y el silencio de la justicia, que Roma, dominadora del mundo, no es dueña de las vidas y de las leyes de Judea!"* [22].

Nadie discutirá la dignidad de esta forma de actuar y de hablar. Pero por desgracia, es una fábula.

---

[22] Corresponde a un autor inglés, el sabio Lightfoot, el mérito de ser el primero en poner de relieve este razonamiento. He aquí sus palabras: *"nam hinc enervata est potestas Synhedrii in capitalibus, quod illi aut mera oscitantia, aut stolida lenitate, aut, quod res maxime fuit, stolidissima israelitae qua israelitae estimatione, eousque de coede et sanguine, aliisque flagitiis, animadvertere neglexerunt, dum adeo intractabilis evaderet nequitia, ut prae ea tremeret autoritas Synhedrii non ausa interficere interfectores. Hoc sensu intelligendum est eorum dictum: 'hemin ej éxesin apojteinai edera' non abrepta ab iis per Romanos iudicandi auctoritate, sed per seipsos amissa, et per suos spreta"* (Lightfoot, *In Evangelium Matthaei, horae hebraicae*, Cambridge 1658, págs. 275-276).

El sanedrín jamás abandonó la sala *de las piedras de sillería*. La verdad es que el año 7 de la era común, tras la deposición del rey Arquelao y la reducción de Judea a provincia romana, el sanedrín había sido privado de su derecho soberano sobre la vida y la muerte.

Es importante establecer la causa de esa obstinada resistencia (tanto de los miembros del sanedrín como de los judíos posteriores) a reconocer un estado de cosas doloroso —estamos de acuerdo— para el orgullo nacional, pero que a fin de cuentas no era una excepción para Judea. Todos los pueblos subyugados por Roma se vieron desposeídos de su derecho soberano sobre la vida y la muerte; y ninguno tuvo nunca dificultad en reconocer dicha humillación. ¿Por qué fue el pueblo judío el único en no admitir jamás tal expolio?

La explicación es que, con la desaparición de ese poder soberano, el tiempo fijado por la profecía de Jacob para la venida del Mesías se revelaba como definitiva e irrefragablemente cumplido. Ahora bien, como la Sinagoga rechazaba reconocer al Mesías en la persona de Jesús de Nazaret, se esforzaba por impedir el cumplimiento de la famosa profecía. No dudaba, con ese fin, en aferrarse de todas las formas posibles, ya sea a los ojos de los romanos, ya sea ante la posteridad, a ese derecho sobre la vida y la muerte, cuya supresión era la señal providencial de la venida del Mesías.

¿Qué decía esta profecía? ¡Ya es tiempo, oh israelitas, de que os sea explicada con toda claridad! Jacob se hallaba en el lecho de muerte. Sus doce hijos, reunidos en torno a él, recibían, cada uno según su rango, las bendiciones proféticas que Dios le inspiraba. Pero cuando llegó a Judá, el anciano se sirvió del acento más sublime: *"a ti, Judá, te alabarán tus hermanos, pondrás tu mano en la cerviz de tus enemigos, se inclinarán ante ti los hijos de tu padre. Eres cachorro de león, Judá; has subido de la presa, hijo mío. Se ha agazapado, se ha echado como león, y cual una leona, ¿quién le hará levantar? No se retirará de Judá el cetro ni la bengala de entre sus pies hasta que venga Aquél a quien pertenece y a quien deben los pueblos obediencia"* (*Gén.* 49, 8-10). Tal es la profecía de Jacob. Una voz unánime reconoce durante toda la antigüedad judía que se refiere al Mesías.

Ahora bien, según ella, dos signos deben preceder a la venida del Mesías y mantener despiertos los espíritus: la pérdida del cetro y la supresión del poder judicial. Comentando esta profecía, dice el Talmud: *"el Hijo de David no ha de venir antes de que el poder real haya desaparecido de Judá";* y más aún: *"el Hijo de David no ha de venir antes de que hayan desaparecido los jueces en Israel"* [23].

Pues bien, en la época de la conquista romana hacía ya tiempo que el cetro o poder real había desaparecido de Judá, pues tras el regreso de la cautividad, es decir, después de más de cuatrocientos años, ninguno de los descendientes de David había vuelto

[23] Tratado *Sanedrín,* fol. 97, verso.

a ostentar el cetro. Los últimos reyes que lo habían poseído en Jerusalén, los príncipes macabeos[24], eran de la tribu de Leví; y Herodes el Grande, que puso fin a su dinastía, ni siquiera era de sangre judía, pues descendía de un idumeo[25]. En consecuencia, el primer signo, la supresión del cetro en Judá, estaba ya visiblemente cumplido.

Quedaba el segundo, la pérdida del poder judicial, y he aquí que se estaba verificando. En efecto, una vez suprimido por los romanos el derecho de dictar sentencia capital, ya no había verdadero legislador en *los pies de Judá*. Nuestros antiguos hermanos de Israel están demasiado habituados al imaginativo lenguaje oriental, como para que sea necesario explicar con extensión lo que significan *los pies de Judá*. Sin duda no han olvidado que cuando un legislador o doctor enseñaba en la antigua Palestina, todos sus discípulos escuchaban sentados delante de él, formando un semicírculo. El legislador se hallaba situado literalmente en medio de los pies extendidos hacia él, como en el centro de una

[24] En el capítulo segundo del primer libro de los Macabeos se lee que Matatías, padre de los Macabeos, era sacerdote de entre los hijos de Joarib. He aquí sus descendientes que fueron reyes en Jerusalén: Simón Macabeo (141-135 a.C.), Hircano (135-105), Aristóbulo I (105-104), Alejandro Janeo (104-78), Alejandra o Salomé (78-69), Aristóbulo II (69-63), Hircano II (63-40) y Antígono (40-37).

[25] Antípatro era muy considerado por los idumeos. Se había casado con una persona nacida de la más ilustre familia árabe, llamada Cipros, de la cual tuvo cuatro hijos: Fasael, Herodes (que finalmente fue rey), José y Ferorás, y una hija llamada Salomé (Josefo, *Antigüedades judías*, XIV, VII, 3).

media corona[26]. Pues bien, entre los pies de Judá ya no había verdadero legislador, del mismo modo que en sus manos ya no se veía el cetro. *"Una vez suprimido el poder judicial —dice el Talmud— ya no había sanedrín"* [27]. Y se comprende entonces por qué, habiendo rechazado reconocer en Jesús de Nazaret al Mesías, lanzó el sanedrín ese grito de desesperación, el día en que se le quitó su derecho soberano sobre la vida y la muerte: *"malditos seamos porque se le ha quitado el cetro a Judá y el Mesías no ha venido"* [28].

¡Sí, el cetro ha sido arrebatado! Ya no hay ni poder real ni poder judicial. El sanedrín ya no es más que un cuerpo mutilado. Y cuando Jesucristo comparezca ante su presencia, podrá aquél muy bien, si quiere, censurar la doctrina de Cristo, fulminar incluso una excomunión contra Él; todo ello sigue constando entre sus atribuciones. Pero si pronuncia una sentencia de muerte, será por su parte una violación manifiesta de la ley romana.

Y ahora que la medida de los derechos del sanedrín está bien determinada, estudiemos el valor moral de las personas llamadas a juzgar en el proceso de Jesús.

---

[26] *Vid.* Jacobi Alting, *Schilo seu Vaticinio patriarchae Jacobi*, pág. 168.

[27] Talmud de Babilonia, tratado *Sanedrín*, cap. IV, fol. 37, recto.

[28] Raymond Martin, *loc. cit.*

Capítulo III
La moralidad de los jueces
de Jesucristo

Así pues, los miembros del sanedrín que juzgaron a Jesucristo eran setenta y uno. Como hemos establecido, se distribuían en tres cámaras. Pero sobre todo importa conocer los nombres de esos jueces, su procedencia, su carácter, su moralidad. Como puede comprenderse, tal información proyectaría una gran luz sobre la célebre causa que estamos discutiendo. Sin duda sabemos ya cuánto valían Caifás, Anás y Pilatos, las tres grandes figuras siniestras del drama de la Pasión. Pero ¿no sería posible también presentar ante la historia a todos los demás participantes en él? Creemos que ese trabajo no ha sido emprendido jamás. Se pensó que faltaban documentos. Es un error. Existen, y los hemos consultado; y en este siglo de revelaciones históricas, haremos salir a la mayor parte de los jueces de Jesucristo de los rincones donde se esconden.

Tres tipos de documentos nos han ayudado particularmente a descubrir la estatura moral de estos hombres: los libros evangélicos, los valiosos escritos del historiador Josefo, y los infolios inexplorados del Talmud. Van a comparecer cerca de cuarenta jueces de Jesús, y en consecuencia más de la mitad del sanedrín se reconstituirá ante nuestros ojos: una mayoría suficiente para apreciar el valor moral de todo el conjunto.

Para proceder con orden, comencemos por la cámara más importante de todas, la de los sacerdotes.

La cámara de los sacerdotes

Decimos cámara *de los sacerdotes,* pero en el relato evangélico esta fracción del sanedrín recibe un título más elevado: San Mateo, San Marcos y los otros evangelistas la denominan consejo *de los sumos sacerdotes* o consejo *de los príncipes de los sacerdotes*[29].

Ahora bien, ¿por qué los evangelistas otorgan ese nombre, más pomposo, de consejo *de los sumos sacerdotes,* a la cámara de los sacerdotes? ¿No se trata de un error? Nada más natural que una asamblea de sacerdotes, pero una asamblea de sumos sacerdotes... ¿no es una exageración, puesto que según la institución mosaica, en tal cargo sólo debía haber un sacerdote, y por añadidura con carácter vitalicio?

Pues bien, no, no hay error ni exageración por parte de los evangelistas. Además, los dos Talmud mismos mencionan explícitamente una asamblea *de sumos sacerdotes*[30]. Pero ¿cómo justificar esa presencia

---

[29] *Mt.* 2, 4; 21, 15; 26, 3-59. *Mc.* 11, 18; 15, 11. *Lc.* 19, 47; 20, 1. *Jn.* 11, 47; 12, 10.
[30] Dérembourg, *op. cit.,* n. 1.

simultánea de muchos sumos sacerdotes en el sanedrín? Veamos la explicación, para vergüenza de la asamblea judía.

Desde hacía casi medio siglo se había introducido el detestable abuso consistente en nombrar y destituir arbitrariamente a los sumos sacerdotes. Mientras durante quince siglos el cargo de sumo pontífice fue, por disposición divina, hereditario en el seno de una sola familia y vitalicio[31], en la época de Jesucristo se había convertido en objeto de un auténtico comercio. Herodes había comenzado con esas destituciones arbitrarias[32], y después de convertirse Judea en provincia romana, éstas se sucedieron en Jerusalén casi anualmente: los procuradores nombraban y destituían a los sumos sacerdotes, como más tarde los pretores hicieron y deshicieron emperadores[33]. El Talmud refleja con dolor esa venalidad del sumo pontificado y de los sumos sacerdotes anuales. Se le ofrecía al mejor postor, porque las madres eran particularmente sensibles a la designación de sus hijos como sumos sacerdotes[34].

La expresión de los evangelistas —consejo *de sumos sacerdotes*— para denominar a la primera cámara del sanedrín, resulta pues de una rigurosa exactitud,

---

[31] Josefo, *op. cit.*, XX, X, 1; XV, III, 1. Hubo raras excepciones: Antíoco Epífano depuso al sumo sacerdote Jesús para conferir el soberano sacerdocio a su hermano Onías. Igualmente, Aristóbulo se lo arrebató a Hircano.

[32] Josefo, *op. cit.*, XV, III, 1.

[33] Josefo, *op. cit.*, XVIII, II, 2; V, n. 3; XX, IX, 1 y 4.

[34] Vid. Talmud, tratado *Yomá, o del Día de la Expiación*, fol. 35, recto; y Dérembourg, *op. cit.*, pág. 230, nota 2.

pues en la época de Jesús se contaba alrededor de una docena de sumos sacerdotes depuestos, y todos los que habían sido honrados alguna vez con ese cargo conservaban para el resto de su vida al menos el título, y permanecían como miembros de pleno derecho de la alta asamblea. Junto a ellos, como complemento de esta primera cámara, se sentaban simples sacerdotes. Pero la mayor parte eran padres de los sumos sacerdotes. Porque, en medio de las intrigas que agitaban entonces al sacerdocio, era una costumbre que los miembros más influyentes de la cámara de sumos sacerdotes introdujesen con ellos a sus hijos o parientes. El espíritu de casta era todopoderoso, y como lo confiesa un sabio israelita de nuestros días, Dérembourg, *"algunas familias sacerdotales, aristocracia poderosa y brillante, que no tenían ningún cuidado por los intereses y la dignidad del altar, se disputaban los puestos, las influencias y las riquezas"* [35].

En resumen, había un doble elemento en esta primera cámara: los sumos sacerdotes y los simples sacerdotes.

* * *

Presentémosles ahora con sus nombres, y revelemos también su valía moral, indicando las fuentes documentales correspondientes.

CAIFÁS. Sumo sacerdote en ejercicio. Era de la tribu de Anás y ocupó el sumo sacerdocio once años

---

[35] *Op. cit.*, pág. 232.

(25-36 d.C.), durante todo el tiempo de gobierno de Pilatos. Presidió las deliberaciones contra Jesucristo, y el relato de la Pasión es suficiente para darle a conocer (*Mt.* 26, 3; *Lc.* 3, 2, etc.)[36].

ANÁS. Fue sumo sacerdote durante siete años bajo los gobiernos de Coponio, Ambivio y Rufo (7-11 d.C). Este personaje era suegro de Caifás; y aunque ya no ocupaba el cargo, se le continuaban consultando todas las cuestiones graves. Puede decirse incluso que en medio de la inestabilidad del pontificado, conservaba en el fondo toda su autoridad. Durante cincuenta años el pontificado perteneció casi sin interrupción a su familia; cinco de sus hijos se revistieron sucesivamente con tal dignidad. La familia se hizo llamar "la familia sacerdotal", como si el sacerdocio se hubiese hecho hereditario. Le pertenecían también los grandes cargos del templo. El historiador Josefo refiere que Anás era considerado por los judíos como el hombre más feliz de su tiempo. Pero sin embargo señala que el espíritu de esta familia era altanero, osado y cruel *(Lc.* 3, 2; *Jn.* 18, 13-24; *Hech.* 4, 6)[37].

ELEAZAR. Sumo sacerdote durante un año bajo el poder de Valerio Grato (23-24 d.C.), era el primogénito de Anás[38].

JONATÁS. Hijo de Anás. A la sazón simple sacerdote, y más tarde sumo sacerdote durante un año en

---

[36] Josefo, *op. cit.,* XVIII, II, 2.
[37] Josefo, *op. cit.,* XV, III, 1 y XX, IX, 1, 3; *Guerra de los judíos,* IV, v. 2, 6 y 7.
[38] Josefo, *Antigüedades judías,* XVIII, II, 2.

sustitución de Caifás, cuando éste fue depuesto (tras la caída en desgracia de Pilatos) por Vitelio, gobernador general de Siria, el año 37 d.C.[39]

TEÓFILO. Hijo de Anás. Entonces simple sacerdote; más tarde fue sumo sacerdote durante cinco años (38-42 d.C.) en sustitución de su hermano Jonatás, al ser éste depuesto por Vitelio[40].

MATÍAS. Hijo de Anás. Entonces era simple sacerdote; más tarde se convirtió en sumo sacerdote durante dos años (42-44 d.C.). Sucedió a Simón Cantero, depuesto por el rey Herodes Agripa[41].

ANANÍAS. Hijo de Anás. Entonces era simple sacerdote; más tarde el rey Herodes Agripa le designó sumo sacerdote a la muerte del gobernador romano Porcio Festo, el año 63 d.C. Era un saduceo de gran rudeza. Por ello sólo ocupó tres meses el sumo pontificado. Fue destituido por Albino, sucesor de Porcio Festo, por lapidar arbitrariamente al apóstol Santiago *(Hech.* 23, 2 y 24, 1)[42].

JOAZAR. Había sido sumo sacerdote durante seis años, abarcando los últimos días de Herodes el Grande y los primeros años de Arquelao (4 a.C-2 d.C.). Era hijo de Simón Boeto, quien debió su ascenso y su fortuna a una causa bastante poco honorable, como narra el historiador Josefo: *"Simón Boeto, sacerdote en Jerusalén, tenía un hija, Mariamne, considerada la*

[39] Josefo, *op. cit.,* XVIII, IV, 3.
[40] Josefo, *op. cit.,* XIX, VI, 2; Munk, *Histoire de la Palestine,* pág. 568.
[41] Josefo, *op. cit.,* XIX, VI, 4.
[42] Josefo, *op. cit.,* XX, IX, 1.

judía más hermosa de su tiempo. La reputación de su belleza llegó hasta Herodes, que sintió conmoverse su corazón ante los primeros informes recibidos. Y todavía más cuando la vio. Decidió entonces casarse con ella; y como Simón Boeto no era de un rango lo bastante distinguido como para convertirle en su suegro, con el fin de poder satisfacer su pasión quitó el cargo de sumo sacerdote a Jesús, hijo de Fabeto, y se lo confirió a Simón, casándose enseguida con su hija". Tal es, según Josefo, el origen poco sobrenatural de la vocación de Simón Boeto y de toda su familia al pontificado. Simón Boeto ya había muerto en la época del proceso de Jesús. Pero Joazar figura en él con sus dos hermanos, uno de los cuales había sido, como él, sumo sacerdote[43].

ELEAZAR. Ex-sumo sacerdote, segundo hijo de Simón Boeto. Sucedió a su hermano Joazar, cuando éste fue privado del soberano sacerdocio por el rey Arquelao. Pero no disfrutó mucho tiempo de su cargo, siendo desposeído por el mismo rey algunos meses después de su ascenso, el año 2 d.C.[44]

SIMÓN CANTERO. Entonces simple sacerdote; tercer hijo de Simón Boeto. Más tarde fue nombrado sumo sacerdote durante algunos meses por el rey Herodes Agripa, el año 42 d.C. Éste mismo rey le depuso[45].

---

[43] Josefo, *op. cit.,* XV, IX, 3; XVII, VI, 4; XIII, 1; XVIII, I, 1; XIX, VI, 2.
[44] Josefo, *op. cit.,* XVII, XIII, 1; XIX, VI, 2.
[45] Josefo, *op. cit.* XIX, VI, 2 y 4.

JOSUÉ BEN SIÉ. Fue sumo sacerdote durante cinco o seis años (1-6 d.C.) bajo el reinado de Arquelao, quien le designó para suceder a Eleazar, segundo hijo de Simón Boeto[46].

ISMAEL BEN FABI. Sumo sacerdote durante nueve años bajo el procurador Valerio Grato, predecesor de Poncio Pilatos. Según los rabinos, pasaba por ser el hombre más apuesto de su tiempo. El lujo afeminado de este pontífice llegaba tan lejos, que se contentó con llevar una sola vez una túnica de gran valor que había encargado su madre para él, mandándola luego al guardarropa común como haría una gran dama con un vestido que no considerase digno de ella[47].

SIMÓN BEN CAMITA. Sumo sacerdote durante un año (24-25 d.C.) bajo el procurador Valerio Grato. Este pontífice era célebre por la grandeza excesiva de su mano. El Talmud refiere de él la siguiente anécdota: la víspera de la fiesta de las expiaciones sucedió que, durante una conversación con Aretas, rey de los Árabes (con cuya hija acababa de casarse Herodes Antipas), un poco de saliva saltó de la boca del rey y cayó sobre los vestidos de Simón. En cuanto el rey se fue, el sumo sacerdote no dudó en despojarse de ellos como impuros e impropios del servicio del día siguiente. ¡Caridad y pureza farisaicas![48]

[46] Josefo, *op. cit.*, XVII, XIII, 1.
[47] Talmud, tratado *Pesajim, o de la Fiesta de Pascua*, fol. 57, verso; tratado *Yomá o del Día de la Expiación*, fol. 9, verso y 35, recto. Josefo, *op. cit.*, XVIII, II, 2; XX, 8 y 11. Bartolocci, *Grande Bibliothèque Rabbinique*, t. III, pág. 297. Munk, *op. cit*, págs. 563-575.
[48] Josefo, *op. cit.*, XVIII, II, 2. Talmud, tratado *Yomá o del Día de la Expiación*, fol. 47, verso. Dérembourg, *op. cit.*, pág. 197, n. 2.

JUAN. Simple sacerdote. Sólo le conocemos por los Hechos de los Apóstoles (4, 5-6): *"al día siguiente (...) se congregaron sus jefes, los ancianos y los escribas de Jerusalén, entre ellos Anás, el sumo sacerdote; Caifás, Juan y Alejandro y cuantos eran del linaje archisacerdotal".*

ALEJANDRO. Simple sacerdote, nombrado asimismo por los Hechos de los Apóstoles (4, 6) en el texto citado. Igualmente le menciona Josefo. Refiere que más tarde fue *alabarca,* es decir, primer magistrado de los judíos en Alejandría. Era muy rico, y por eso el rey Herodes Agripa le pidió prestadas doscientas mil monedas de plata[49].

ANANÍAS BEN NEBEDAI. Entonces simple sacerdote; pero más tarde fue sumo sacerdote bajo los procuradores Ventidio Cumano y Félix (48-54 d.C.). Los Hechos de los Apóstoles y Josefo también le citan. Es el pontífice que tradujo a San Pablo delante del procurador Félix: *"cinco días después bajó el sumo sacerdote Ananías con algunos ancianos y un cierto Tértulo, orador, los cuales presentaron ante el procurador acusación contra Pablo"* (Hech., 24, 1). Según la tradición judía, este sumo sacerdote era conocido sobre todo por su extrema glotonería. Lo que refiere el Talmud respecto a ella parece excesivo: trescientos terneros, otras tantas toneladas de vino, y cuarenta parejas de pichones almacenados para su sustento[50].

[49] Josefo, *op. cit.,* XVIII, VI, 3; XX, V, 2. Petri Wesselingii, *Diatribe de Judaeorum archontibus,* Utrecht, págs. 69-71.

[50] Talmud de Babilonia, tratado *Pesajim, o de la Fiesta de Pascua,* fol. 57, verso; tratado *Keritot, o de los pecados que cierran la entrada a*

HELQUÍAS. Simple sacerdote, pero guardián del tesoro del templo. Es probable que Judas recibiese de él las treinta monedas de plata, precio de su traición[51].

ESCEVAS. Uno de los sacerdotes principales. Los Hechos de los Apóstoles (19, 13-14) se refieren a él a propósito de sus siete hijos dedicados a la magia.

* * *

Tales son los principales sacerdotes que componían la primera cámara del sanedrín en la época del proceso de Jesús. De los documentos que acaban de pasar ante nuestros ojos se deduce en primer lugar que muchos de esos pontífices eran personalmente muy poco honorables; y en segundo lugar, que todos los sumos sacerdotes que se sucedían anualmente en el cargo de Aarón, con menosprecio del orden establecido por Dios, no eran sino miserables usurpadores. Esperamos que estas expresiones no hieran a nuestros lectores israelitas, porque lo siguiente terminará de convencerles.

En primera línea, el historiador Josefo, testimonio irrecusable, piensa como nosotros. Aunque haya disimulado todo lo posible las vergüenzas de esta cámara de sacerdotes, no pudo, en un momento de disgusto, dejar de estigmatizarla: *"en aquellos tiempos,*

la vida futura, fol. 28, verso. Josefo, _op. cit.,_ XX, V, 2. Dérembourg, _op. cit.,_ págs. 230-234. Munk, _op. cit.,_ pág. 573, nota 1.

[51] Josefo, _op. cit.,_ XX, VIII, 11.

los sacerdotes del primer orden [los sumos sacerdotes] *entraron en grandes controversias con los del segundo. Se hacían acompañar a todas partes por una tropa de fanáticos y sediciosos, se insultaban, se apedreaban unos a otros. Los sacerdotes del primer orden llegaron a tal exceso de arrebato y violencia, que no temieron enviar a sus servidores a hurtar de los graneros del templo los diezmos asignados a los simples sacerdotes*"[52]. ¡Éstas son las bellas maneras, el espíritu de equidad y de dulzura de los principales jueces de Jesucristo!

Pero el Talmud va más lejos; de ordinario no cesa en elogios sobre las gentes de nuestra nación, mas tomando aparte a los sumos sacerdotes de aquella época y designándoles por sus nombres como hemos hecho nosotros mismos, se queja así: "*¡qué plaga la familia de Simón Boeto! ¡Malditas sean sus lanzas! ¡Qué plaga la familia de Anás! ¡Malditos sean sus silbidos de víboras! ¡Qué plaga la familia de Cantero! ¡Malditas sean sus plumas! ¡Qué plaga la familia de Ismael ben Fabi! ¡Malditos sean sus puños! Ellos son sumos sacerdotes, sus hijos son tesoreros, sus parientes comandantes, y sus servidores golpean al pueblo con sus bastones*"[53]. Y el Talmud continúa: "*el atrio del santuario lanzó cuatro gritos. Primero: ¡Salid de aquí, descendientes de Elí* [54], *vosotros mancháis el templo del Eterno!*

---

[52] Josefo, *op. cit.*, XX, VIII, 8.

[53] Talmud, tratado *Pesajim o de la Fiesta de Pascua*, fol. 57, verso.

[54] Los sumos sacerdotes designados bajo el nombre de *descendientes de Elí* son aquellos que, como los hijos del sumo sacerdote Elí, mancillaban el templo con su inmoralidad: "*Elí era muy anciano y tuvo noticia de cuanto hacían sus hijos a todo Israel, y que cohabitaban con las*

Luego: ¡Sal de aquí, Issajar de Quefar Barkai, que no respetas más que a ti mismo y profanas las víctimas consagradas al cielo[55]! Un tercer grito resonó en el atrio: ¡Abríos, puertas del santuario, dejad entrar a Ismael ben Fabi, el discípulo de los caprichosos, para que cumpla las funciones del pontificado! Aún se oyó otro grito del atrio: ¡Abríos, oh puertas, dejad entrar a Ananías ben Nebedai, el discípulo de los glotones, para que se atiborre de las víctimas" [56].

Ante tales costumbres, confesadas por los menos sospechosos miembros de nuestra nación, ¿es posible disimular la indignidad de quienes procesaron a Jesucristo como miembros de la cámara de los sacerdotes? ¡Indignidad tanto más manifiesta cuanto que, en la mayoría de estos hombres, una hipocresía ambiciosa había desnaturalizado la ley de Moisés con el afán de dominación! En efecto, la mayor parte de los sacerdotes pertenecía al fariseísmo, secta cuyos miembros se servían de la religión para sus ambiciones personales. Con el fin de domeñar al pueblo con apariencia religiosa, estos sacerdotes fariseos no temían sobrecargar la ley de Moisés con prácticas exagera-

mujeres que servían a la puerta del tabernáculo. Y él les dijo: ¿Por qué hacéis cosas tales, que yo mismo me he enterado por todo el pueblo de vuestras perversidades? (...) Mas no escuchaban la voz de su padre" (I Sam. 2, 22-25).

[55] Este Issajar era un sacerdote tan delicado, que para tocar a las víctimas del altar se envolvía las manos en seda (Talmud, tratado *Pesajim o de la Fiesta de Pascua*, fol. 57, verso).

[56] Talmud, tratados *Keritot o de los pecados que cierran la entrada a la vida futura* (fol. 28, verso) y *Pesajim o de la Fiesta de Pascua* (fol. 57, verso).

das, fardos insoportables cuya carga imponían a los demás, pero que se guardaban bien de tocar siquiera con la yema de los dedos. ¿Cómo extrañarse entonces del odio homicida que esos hombres simuladores y ambiciosos concibieron contra Jesucristo?

Cuando su palabra, aguda como la espada, desnudó su hipocresía y mostró, bajo la máscara de una falsa justicia, la podredumbre interior de estos sepulcros blanqueados, concibieron hacia Él un odio mortal; jamás Le perdonaron que les desenmascarara ante el pueblo. ¡La hipocresía no perdona jamás a quien la descubre públicamente!

Así eran los hombres que componían la cámara de los sacerdotes, la más noble de las tres, cuando el sanedrín se reunió para juzgar a Jesucristo. ¿Errábamos al avanzar que era menos que honorable?

Pero pasemos a la segunda cámara, la de los escribas o doctores.

La cámara de los escribas

Recordemos con brevedad quiénes eran los escribas. Escogidos indistintamente entre los levitas o los laicos, formaban el estamento erudito de la nación. Eran los doctores de Israel. La estima y la veneración les rodeaban, pues es conocido el respeto que han manifestado siempre los judíos y los orientales hacia sus sabios.

Después de la cámara de los sacerdotes, la de los escribas era la más considerada. Pero a la luz de los documentos que han pasado por nuestras manos, nos vemos constreñidos a manifestar que, salvo algunas excepciones, la cámara de los escribas no valía más que la de los sacerdotes. He aquí, en efecto, los nombres y la historia de esos sabios que se sentaron, en cuanto tales, en el sanedrín.

GAMALIEL. Apodado *el Anciano*. Era un israelita muy digno. Su nombre es honrado tanto en el Talmud como en los Hechos de los Apóstoles. Procedía de una gran familia, como nieto del famoso Hillel que, procedente de Babilonia, enseñó con tanta brillantez en Jerusalén cuarenta años antes de Jesucristo. La ciencia de Gamaliel gozaba en su nación de tan elevada reputación, que el Talmud pudo decir de él que *"al morir el rabino Gamaliel desapareció la gloria de la ley"*. A los pies de este doctor aprendió Saulo, más tarde convertido en San Pablo, la ley y las tradiciones judías; y como sabemos, se vanagloriaba de ello. Discípulos de Gamaliel fueron también San Bernabé y el protomártir San Esteban. Cuando el sanedrín deliberó sobre el modo de sentenciar a muerte a los apóstoles, este digno israelita impidió su condena pronunciando aquellas palabras célebres: *"desistid de meteros con esos hombres y dejadlos; porque si proviene de hombres esa empresa o esa obra, se disolverá; mas si proviene de Dios, no podréis disolverla"* (Hech. 5, 38-39). El sanedrín cedió ante este consejo. Poco tiempo después Gamaliel abrazó el cristianismo, y lo practicó con tal fidelidad que la Iglesia le ha incluido en el número de los santos. Figura en el martirologio del 3 de agosto. Gamaliel murió diecinueve años después que Jesucristo, el año 52[57].

SIMEÓN. Hijo de Gamaliel el Anciano. Como su padre, perteneció al sanedrín. Los libros rabínicos le elogian profusamente. La Mischná, por ejemplo, le atribuye esta sentencia: *"educado desde mi nacimiento en medio de los sabios, jamás encontré nada más valioso para el hombre que el silencio. No es la doctrina lo principal, sino las obras. Quien acostumbra hablar mucho cae con facilidad en el error"*. Simeón no siguió el ejemplo de su padre, y no abrazó el cristianismo. Al contrario, se convirtió en amigo íntimo del demasiado célebre bandido Juan de Giscala, cuya crueldad y excesos contra los romanos, e incluso contra los judíos, forzaron a Tito a ordenar el saqueo de Jerusalén. Simeón murió en el último asalto, el año 70[58].

ONQUELOS. Nacido de padres idólatras, abrazó el judaísmo y se convirtió en uno de los más célebres discípulos de Gamaliel. Es el autor de la famosa paráfrasis caldea de los cinco libros de Moisés. Aunque los documentos rabínicos no mencionan que formase parte del sanedrín, no puede dudarse de

---

[57] *Hech.* 5, 34-39; 22, 3. Mischná, tratado *Sotá o de la mujer sospechosa de adulterio*, cap. IX. *Sefer Yujasin, o Libro de los Antepasados*, pág. 53. David Ganz, *Germe de David ou chronologie*, año 4768. Bartolocc, *Bibliotheca magna rabbinica*, t. I, págs. 727-732. P. Giry, *Vie des Saints*, págs. 77-84.

[58] David Ganz, *op. cit.*, año 4810. Mischná, tratado *Abot o de los Padres*, cap. I. Talmud de Jerusalén, tratado *Beracot o de las Oraciones*, fol. 6, verso. J.H. Otthonis, *Historia doctorum misnicorum*, págs. 110-113. De Champagny, *Rome et la Judée*, t. II, págs. 86-171.

ello, dada la singular estima que los judíos han profesado siempre hacia su memoria y sus escritos. Todavía hoy se lee una vez por semana parte del Pentateuco según la versión de Onquelos. Onquelos llevó al grado extremo la intolerancia farisaica. Convertido de la idolatría al judaísmo, odiaba de tal modo a la gentilidad que tiró al Mar Muerto, como impura, la parte de dinero recibida como herencia de sus padres. Puede comprenderse que tales disposiciones no le predisponían favorablemente hacia Jesucristo, que acogía a los paganos con igual título que a los judíos[59].

JONATÁS BEN UZIEL. Autor de muy notables paráfrasis caldeas al Pentateuco y a los profetas. No hay acuerdo sobre las fechas precisas de su vida. Unos le sitúan algunos años antes de Jesucristo; otros, en el tiempo mismo de Jesús. Nosotros no podemos dudar que haya sido contemporáneo e incluso juez de Cristo. He aquí dos pruebas irrefutables. La primera, que Jonatás, traductor de los profetas, omitió deliberadamente a Daniel, porque según el Talmud un ángel le advirtió de que la forma en que ese profeta habla de la muerte del Mesías se refiere con demasiada claridad a Jesús de Nazaret. Ahora bien, el

---

[59] Talmud, tratado *Meguillá o de la Fiesta de la Lectura de Ester,* fol. 3, verso; *Baba batra, o de la última puerta,* fol. 134, verso; *Succot, o de la Fiesta de los Tabernáculos,* fol. 28, verso; *Toseftot, o suplementos de la Mischná,* cap. V. Rabino Gedalia, *Scialscèlet Hakkabala o Cadena de la Cábala,* pág. 28. Otthonis, *op. cit.,* pág. 110. De Rossi, *Dizionario degli autori Ebrei,* pág. 81.

hecho de que Jonatás prescindiese voluntariamente de Daniel a causa de Jesús, es una prueba de que no vivió antes del hijo de María, sino en su misma época. Segunda prueba: al comparar las paráfrasis de Onquelos y las de Jonatás, se constata que Jonatás utiliza el trabajo de Onquelos (por ejemplo: *Deut.* 22, 5; *Juec.* 5, 26; *Núm.* 21, 28-29). Ahora bien, que Jonatás se haya servido para componer sus escritos del trabajo de Onquelos, contemporáneo de Cristo, prueba que no vivió antes de Jesucristo. Los talmudistas, para recompensar a este personaje por haber eliminado a Daniel del rango de los profetas por odio a Jesucristo, le elogian de la manera más absurda. Así, cuentan que cuando estudiaba la ley de Dios, la atmósfera que le rodeaba quemaba tanto al contacto con sus luces, que los pájaros, demasiado aturdidos como para darse cuenta, caían consumidos al instante[60].

SAMUEL KAKKATON O EL MENOR. Se le llamaba así para distinguirlo de Samuel el profeta. Samuel el Menor era uno de los miembros más fogosos del sanedrín. Él compuso contra los cristianos, algún tiempo después de la Resurrección de Jesucristo, la famosa imprecación llamada *bendición de los impíos [birhhat hamminim]: "la bendición de los infieles*

---

[60] Talmud, tratado *Succa, o de la Fiesta del Tabernáculo,* fol. 28, verso. David Ganz, *op. cit.,* año 4728. Gesenius, *Coment. sobre Isaías,* parte I, pág. 65. Zunz, *Culto divino de los judíos,* Berlín 1832, pág. 61. Dérembourg, *op. cit.,* pág. 276. Hanneberg, *Révélat. bibliq.,* II, págs. 163, 432.

—dicen el Talmud y la glosa de Jarchi— *fue compuesta por el rabino Samuel Kakkaton en Jafné, adonde el sanedrín se había trasladado desde Jerusalén en tiempos de las fechorías del Nazareno, quien enseñaba una doctrina contraria a las palabras del Dios vivo"*. He aquí esta singular bendición: *"¡no haya para los apóstatas de la religión ninguna esperanza, y perezcan de repente todos los herejes, sean quienes sean! ¡Sea arrancado de raíz el reino del orgullo, y desaparezca rápidamente de nuestros días! ¡Bendito sea, oh Señor Dios, todo el que destruye a los impíos y humilla a los soberbios!"*. Tras ser compuesta por Samuel Kakkaton, el sanedrín insertó esta maldición como bendición adicional en la célebre composición de la Sinagoga, el *Schemone Esré* o dieciocho bendiciones, que se remontan a los tiempos de Esdras, cinco siglos antes de Jesucristo y que todo israelita debe recitar a diario. San Jerónimo no desconocía la extraña oración de Samuel Kakkaton: *"los judíos anatematizaban tres veces al día en todas las sinagogas el nombre cristiano, bajo la denominación de Nazareno"*. Según el rabino Gedalia, Samuel murió antes de la destrucción del templo, es decir, quince o veinte años después que Jesucristo[61].

CANANÍA BEN CHISQUÍA. Era un gran conciliador en las querellas doctrinales frecuentes en aquella

---

[61] Talmud, tratados *Beracot o de las Oraciones*, fol. 28, verso; *Meguillá o Fiesta de la Lectura de Ester,* fol. 28, verso. San Jerónimo, *Comment. in Isaiam.,* lib. III, cap. V, vers. 18-19, tomo IV, pág. 81 de la edición de Vallarsius, en 4ª. Vitringa, *De Synagoga vetere*, t. II, págs. 1036 y 1047-1051. Castellus, *Lexicon heptaglotton*, art. Min.

época. Incluso las escuelas rivales de Hillel y de Schamai, que no se habían extinguido con la muerte de sus fundadores, le tomaron a menudo como árbitro. Este hábil pacificador no consiguió siempre calmar a los contendientes; se lee en las antiguas narraciones que más de una vez, pasando de la fuerza de un argumento al argumento de la fuerza, los discípulos de las escuelas de Schamai y de Hillel llegaron a las manos, de donde procede la expresión francesa *chamailler* [disputar con ardor por razones fútiles]. Sin embargo, según el Talmud, Chananía se habría alejado por una vez de su postura de equilibrio, en favor del profeta Ezequiel: cuando los miembros más influyentes del sanedrín se propusieron censurar y rechazar el libro de este profeta porque, según ellos, contenía muchos pasajes contradictorios con la ley de Moisés, Chananía lo defendió con tanta elocuencia que el sanedrín desistió de su proyecto. Este hecho, referido con todo detalle en el Talmud, bastaría por sí solo para dar la medida de las disposiciones con que se procedía al estudio de las profecías. Aunque se ignora la fecha precisa de la muerte de Chananía, se sabe que tuvo lugar antes de la destrucción de Jerusalén[62].

ISMAEL BEN ELIZA. Renombrado por la penetración de su espíritu y la belleza de su rostro, también de este doctor refieren los libros rabínicos cosas increíbles. Por ejemplo, que los ángeles descendían

---

[62] Talmud, tratado *Chagiga o de la obligación que los varones de Israel tenían de acudir tres veces al año a Jerusalén*, 2, 13; *Schabbat o del Sábado*, cap. 1. *Sefer Yujasin o Libro de los Antepasados*, pág. 57.

del cielo y volvían a él según su voluntad; o que al volver un día de la escuela, su madre, impulsada por la admiración, le lavó los pies y bebió con respeto el agua que había servido para la ablución. Su muerte no habría sido menos novelesca: tras la toma de Jerusalén, la hija de Tito, prendada de su apostura, consiguió de su padre que le desollasen la faz, conservando luego la piel de este rabino en bálsamo y perfumes para que figurase en Roma junto al botín que habría de dar testimonio del triunfo, el año 70 d.C.[63]

RABÍ ZADOK. Tenía unos cuarenta años cuando el proceso de Jesús, y murió, septuagenario, tras el incendio del templo. Cuenta el Talmud que, ya desde cuarenta años antes del incendio, no dejaba de ayunar para obtener de Dios que aquél no fuese pasto de las llamas, por lo cual el Talmud se pregunta cómo pudo conocer el rabino la gran desgracia que lo amenazaba. Y el Talmud encuentra embarazosa la respuesta. En nuestra opinión, el rabino Zadok sólo pudo conocer por anticipado este formidable acontecimiento mediante una de estas dos vías: o por la voz profética de Daniel (9, 25-27), que había anunciado más de cuatrocientos años antes que la abominación de la desolación caería sobre el templo de Jerusalén cuando el Mesías fuese condenado a muerte; o por la vía más próxima de Jesucris-

---

[63] Talmud, tratado *Abodá Zará o de la Idolatría*, cap. I. Rabí Gedalia, *Scialscèlet Hakkabala o Cadena de la Cábala*, pág. 29. *Sefer Yujasin o Libro de los Antepasados*, pág. 25. *Toseftot, Kidduschin*, cap. IV.

to mismo, que había dicho, cuarenta años antes de su destrucción: *"¿no veis todo eso? En verdad os digo, no quedará ahí piedra sobre piedra que no sea demolida" (Mt. 24, 2; cfr. Lc. 21, 6)*[64].

YOJANÁN BEN ZAQUAI. Los libros rabínicos atribuyen a este doctor una longevidad extraordinaria; habría vivido, como Moisés, ciento veinte años, cuarenta de ellos consagrados al trabajo manual, cuarenta al estudio de la Ley, y cuarenta a la enseñanza. Su reputación de sabio estaba tan asentada, que se le denominó *Esplendor de la Sabiduría*. Tras la destrucción de Jerusalén, reunió en Jafné a los restos del sanedrín, y presidió esa porción de la asamblea durante tres o cuatro años, hasta el momento de su muerte el año 73 d.C. Cuando rindió el último suspiro, dice la Mischná, se pudo oír este grito de dolor: *"al morir el rabino Yojanán ben Zaquai, es el esplendor de la sabiduría el que se apaga"*. Sin embargo, he aquí otras informaciones que constituyen como el reverso de la medalla: *"el rabino Yojanán -dice el libro Bereschit rabba- se elogiaba a sí mismo diciendo que si los cielos fuesen de pergamino, ni todos los escribas ni todos los árboles de los bosques de plumas bastarían para transcribir toda la doctrina que él había aprendido de los maestros"*. ¡Qué lenguaje tan humilde! Un día sus discípulos le preguntaron a qué atribuía su extraor-

---

[64] Mischná, tratado *Schabbat o del Sábado*, cap. XXIV, n. 5, al final; *Idiot o de los Testimonios*, VII, n. 1; *Abot o de los Padres de la tradición*, IV, n. 5. David Ganz, *op. cit.*, año 4785. *Sefer Yujasin*, fol. 21 y 26. Schikardi, *Ius regium Hebraeorum*, pág. 468.

dinaria longevidad, y respondió, con osadía y siempre con el mismo desprecio de sí mismo: *"¡a mi sabiduría y a mi piedad!"*. Por lo demás, si se juzga su moralidad por un reglamento del que es autor, tal vez sus costumbres quedarían a la altura de su humildad. Hasta él, cuando una mujer era sospechosa de adulterio debía padecer, según la ley de Moisés, la prueba de las *aguas amargas*. Pero el rabino Yojanán abolió esta prescripción mosaica apoyándose sobre este versículo del profeta Oseas (4, 14), inmoralmente aislado del contexto: *"no castigaré a vuestras hijas porque se prostituyan, ni a vuestras nueras porque cometan adulterio"*. En el pasaje entero, Dios se dirige a los israelitas prevaricadores y les dice: *"no castigaré a vuestras hijas porque se prostituyan, ni a vuestras nueras porque cometan adulterio, porque los mismos padres y esposos tienen trato con las rameras, y van a ofrecer sacrificios con los hombres afeminados. Por cuya causa será castigado este pueblo insensato"*. Finalmente, para colmo de deshonestidad, el rabino Yojanán se convirtió en uno de los más rastreros cortesanos de Tito, el destructor de su patria. Pero mientras por un lado se rebajaba de tal suerte ante el poder humano, por otra se endurecía contra los avisos de Dios. Porque cuando, tras la muerte de Jesús de Nazaret, se oyeron ruidos de batallas en los aires, como refiere el Talmud; cuando un día ese grito de los ángeles: *"salgamos de aquí, salgamos de aquí"* estalló en el templo de Jerusalén, y la gran puerta de bronce (tan pesada de mover que veinte hombres apenas podían hacerla girar sobre sus goznes) se abrió ella sola con estrépito, fue ese mismo rabino quien pronunció estas palabras que se han hecho célebres: *"¡oh, templo! ¡Oh, templo! ¿Qué te conmueve? ¿Por qué tiemblas?"*. Pero la emoción en él sólo fue pasajera; murió orgulloso e incrédulo[65].

ABBA SAÚL. Su estatura era prodigiosa, y tenía a su cargo vigilar el enterramiento de los muertos, para que todo sucediese conforme a la Ley. Los rabinos, a quienes encanta todo lo maravilloso, afirman que en el ejercicio de su cargo hizo el hallazgo de la tibia de Og, rey de Basán, y del ojo derecho de Absalón. Con la fuerza de la médula extraída de la tibia de Og habría perseguido y agarrado un joven cabritillo durante tres leguas. En cuanto al ojo de Absalón, era tan profundo, que Abba Saúl se habría escondido en él como en una caverna. Tonterías propias de esos relatos. Pese a lo cual veamos cómo juzga esos relatos el libro talmúdico *Menorai-Hammaor* [candelabro de luz], que goza de gran autoridad en la sinagoga moderna: *"todo lo que nuestros doctores han dicho sobre los Midraschim* [comentarios alegóricos o históricos] *y otras recopilaciones, son cosas que tenemos que*

---

[65] Talmud, tratado *Rosch Haschana o del Año Nuevo*, fol. 20, recto, 31, recto; *Sotá o de la mujer sospechosa de adulterio*, IX, 9; *Yomá o del Día de la Expiación de los pecados*, fol. 39, recto, y 43; *Gittin o de los divorcios*, fol. 56, verso y recto; *Succa o de la Fiesta del Tabernáculo*, fol. 28, verso. Mischná, cap. *Eghlà arufa*. *Sefer Yujasin o Libro de los Antepasados*, fol. 20, recto. *Sefer Hakkabala, o Libro de la Cábala*. Otthonis, *op. cit.*, págs. 93-103. Josefo, *Guerra de los judíos*, VI, V, 3. De Champagny, *op. cit.*, t. I, págs. 158-159.

creer como a la ley de Moisés, nuestra maestra. Y si algu-
na cosa nos parece exagerada o increíble, debemos atri-
buirla más bien a la debilidad de nuestro entendimien-
to que a sus enseñanzas. Y quien bromee sobre cualquier
cosa de lo que ellos dicen, recibirá su castigo". Según
Maimónides, Abba Saúl murió antes de la destrucción del templo[66].

RABÍ CHANANÍA. Apodado *el vicario de los sacer-*
dotes. La Mischná le atribuye unas palabras que
esclarecen notablemente la situación social del pueblo judío en los últimos tiempos de Jerusalén: *"orad*
por el imperio romano, porque si el terror de su poder
desapareciese, cada cual en Palestina se comería vivo a
su vecino", confesión que atestigua el estado deplorable de división que atenazaba a la Judea. Los romanos no le demostraron ninguna simpatía, condenán-
dole a muerte tras la toma de la ciudad, el año 70[67].

RABÍ ELEAZAR BEN PARTA. Según el Talmud, era
uno de los escribas más estimados del sanedrín por
su ciencia. Ya muy anciano cuando llegó la destrucción del templo, vivió todavía algunos años después
de esta desgracia[68].

---

[66] Mischná, tratado *Middot o de las dimensiones del templo,* cap.
Har habbait. Talmud, tratado *Nidda, o de la purificación de la mujer,*
cap. III, fol. 24, recto. Maimónides, *Proef. ad Zeraïm.* Drach, *Harmo-*
nies entre l'Egl. et la Synag., t. II, pág. 375.

[67] Mischná, tratado *Abot o de los Padres de la Tradición,* cap. III,
n. 2; *Zevajim o de los sacrificios,* cap. IX, n. 3; *Idiot o de los Testimonios,*
cap. II, n. 1. David Ganz, *op. cit.,* año 4828. *Sefer Yujasin o Libro de los*
Antepasados, pág. 57.

[68] Tratado *Gittin o de los divorcios,* cap. III, n. 4. *Sefer Yujasin,*
pág. 31.

Rabí Nahum Halbalar. Los libros rabínicos le citan como miembro del sanedrín en el año 28 de Jesucristo; pero no mencionan nada reseñable sobre él[69].

Rabí Siméon isc. Hammispa. Misma observación que sobre el anterior[70].

* * *

Tales son, según la tradición judía, los principales escribas o doctores que se sentaron en el sanedrín durante el proceso de Jesús como miembros de la segunda cámara. Los libros que hablan de ellos están llenos, no hace falta decirlo, de elogios. Sin embargo, hay confesiones que se abren paso en medio de esos elogios, y todas se dirigen contra un vicio dominante en estos hombres: el orgullo.

En el libro *Aruch* del Rabí Natán (el diccionario talmúdico más autorizado) puede leerse[71]: *"en tiempos anteriores, bastante más dignos, no se usaban títulos como Rabán, Rabí o Rab* [es decir, Señor] *para designar a los sabios de Babilonia o de Palestina. Así, cuando Hillel llegó de Babilonia, no unía a su nombre el título de Rabí. Lo mismo ocurría con los profetas: se decía Aggée, y no Rabí Aggée. Tampoco Esdras vino de*

---

[69] Talmud, tratado *Peá o del Ángulo,* cap. II, n. 6.

[70] Talmud, tratado *Peá o del Ángulo,* II, 6.

[71] El rabino Natán, hijo del rabino Yehhiel, judío romano, fue discípulo del célebre Moisés el Predicador, y primer rabino de la sinagoga de Roma, en el siglo XI. Su obra forma un grueso volumen infolio. Explica con gran exactitud todos los términos difíciles del Talmud.

Babilonia con el título de Rabí. Esta moda se introdujo entre los dignatarios del sanedrín a partir del Rabí Gamaliel, del Rabí Simeón, su hijo, y del Rabí Yojanán ben Zaquai" [72]. En efecto, los títulos fastuosos aparecen por primera vez con la generación contemporánea de Jesucristo. Los escribas los ambicionaban especialmente, de modo que Jesucristo les reprochaba: *"son amigos (...) de ser saludados en las plazas, y ser apellidados por los hombres rabí"* (Mt. 23, 6-7). Celosos de estos títulos y de su ciencia, acabarían considerándose en la cima de la sociedad, pues he aquí el orden jerárquico que pretendían establecer: *"el sabio debe ser preferido al rey; el rey, al sumo sacerdote; el sumo sacerdote, al profeta; el profeta, al sacerdote; el sacerdote, al levita; el levita, al israelita. Sí, el sabio debe ser preferido al rey; porque si el sabio muere, nada le puede reemplazar, mientras que si muere el rey, todo israelita es apto para sucederle"* [73]. Apoyándose en semejante máxima, no es de extrañar que el sanedrín lanzase, como refiere también el Talmud [74], veinticuatro excomuniones contra quien no rindiese al *rabí* todos los honores que ellos exigían. Por lo demás, bastaba muy poco para atraerse sus iras. Castigaban sin misericordia en cuanto se faltaba a las reglas de reverencia que habían establecido: *"si alguien se opone a su doctor, es como si se opusiera a*

[72] Aruch, voz *abbi*.
[73] Talmud de Jerusalén, tratado *Horayot o de los reglamentos jurídicos,* fol. 84, recto.
[74] Talmud de Jerusalén, tratado *Schebuot o de los juramentos,* fol. 19, verso.

Dios mismo (...) si alguien se querella contra su doctor, es como si se querellase contra Dios mismo"[75]; *"si alguien piensa mal de su doctor, es como si pensase mal de Dios mismo"*[76].

Y esta autosuficiencia llegará tan lejos que cuando Jerusalén caiga en manos de Tito, armado de la espada de Dios, el Rabí Judá escribirá con su pluma imperturbable: *"si Jerusalén ha sido devastada, no debe buscarse otra causa que la falta de respeto hacia los doctores"*[77].

Pues bien, ahora le preguntamos a todo israelita sincero: ¿qué debemos pensar de esta segunda categoría de hombres que iban a juzgar a Jesús? ¿Era posible la imparcialidad en inteligencias tan orgullosas y en labios tan fatuos? ¿Qué temor no habrá de abrigarse por la conclusión de ese juicio, al recordar que señalando a estos hombres Jesucristo había dicho: *"guardaos de los escribas, que gustan de pasearse con su amplio ropaje y de ser saludados en las plazas, y de ser llamados rabí"* (*Mt*. 23, 5-7; *Mc*. 12, 38-40; *Lc*. 20, 46-47). ¡No han olvidado ese reproche de la Verdad! ¡Cuando Cristo esté delante de ellos, ya no padecerá sólo arrebatos de orgullo, sino la venganza del orgullo!

Esta segunda cámara del sanedrín, llamada cámara de los escribas, no valía más que la primera, la de los sacerdotes. Con todo, hay que hacer una reserva.

[75] *Tanchuma o libro de la consolación*, fol. 68, recto.
[76] *Ibid.*, y tratado *Sanedrín*, fol. 110, verso.
[77] Talmud, tratado *Schabbat o del sábado*, fol. 119, recto.

Demostraremos pronto que entre esos hombres criminalmente pagados de sí mismos[78], había uno cuya rectitud igualaba a su ciencia: Gamaliel.

La cámara de los ancianos

Era, dentro del sanedrín, la menos influyente de las tres, y por eso sólo han llegado hasta nosotros en pequeño número los nombres de los personajes que la constituían en tiempos de Jesucristo.

JOSÉ DE ARIMATEA. El Evangelio le tributa hermosos elogios: *"hombre rico" (Mt.* 27, 57); *"ilustre sanedrita que también él estaba esperando el Reino de Dios" (Mc.* 15, 43); *"varón bueno y justo; éste no había dado su asentimiento al consejo y al acto de los judíos" (Lc.* 23, 50). La Vulgata llama a José de Arimatea *nobilis decurio,* porque era uno de los diez magistrados o senadores que tenían en Jerusalén la autoridad principal bajo los romanos. Esto lo explica con mayor claridad el texto griego, que resalta su dignidad con los nombres de *ilustre [esjeion]* y de *senador [buleutets].* De estas observaciones puede concluirse que José de Arimatea era sin duda uno de los setenta y un miembros del sanedrín: primero, porque era normal dar entrada en él a los senadores, que eran los ancianos del pueblo, sus jefes y sus príncipes [*senio-*

[78] Pueden leerse en las *Meditaciones sobre el Evangelio* de Bossuet páginas notables sobre el orgullo de los escribas y de los doctores judíos: *Última semana del Salvador,* días LVI-LXII.

res populi, principes nostri]; segundo, porque las palabras *"no había dado su asentimiento al consejo y al acto de los judíos"*, prueban que tenía derecho a pertenecer a la alta asamblea y deliberar en ella [79].

NICODEMO. San Juan Evangelista dice de Nicodemo que era fariseo de profesión, príncipe de los judíos, maestro en Israel y miembro del sanedrín, donde un día intentó asumir contra sus colegas la defensa de Jesucristo, lo cual le acarreó de su parte esta respuesta desdeñosa: *"¿acaso tú también eres galileo?".* Lo era, en efecto, pero en secreto. Se sabe también, según el Evangelio, que Nicodemo poseía grandes riquezas; fue él quien empleó alrededor de cien libras de mirra y de áloe en la sepultura de Jesucristo *(Jn.* 3, 1-10; 7, 50-52; 19, 39). También el Talmud menciona a Nicodemo; y, pese a la certidumbre de su fidelidad a Cristo, habla de él con grandísimos elogios, si bien es verdad que a causa de sus riquezas: *"había tres hombres célebres en Jerusalén: Nicodemo ben Gorion, Ben Tsitsit Haccassat, y Ben Calba Schebua; cada uno de ellos habría podido mantener y abastecer a la ciudad durante diez años"*[80].

[79] Jacobi Alting, *Schilo seu de Vaticinio patriarchae Jacobi,* pág. 130. Goschler, *Diction. encyclopédiq.,* voz *Arimatea.* Cornelio a Lápide, *Comment. in Scrip. Sac.,* Vivès, t. XV, pág. 638, 2ª col. Giry, *op. cit.,* t. III, págs. 328-331.

[80] Talmud, tratado *Gittin o de los divorcios,* cap. V, fol. 56, verso; *Abodá Zará o de la Idolatría,* cap. II, fol. 25, verso; *Taanit o de los diferentes días de ayuno,* cap. III, fol. 19, recto y fol. 20, verso. *Midraschrabba,* en el Kohelet [Eclesiastés], 7, 1. David Ganz., *op. cit.,* año 4737. Knappius, *Comment. in colloquium Christi cum Nicodemo.* Cornelio a Lápide, *Comment. in Joann.,* cap. III y ss.

BEN CALBA SCHEBUA. Tras haber referido que era uno de los tres hombres ricos de Jerusalén, el Talmud añade: *"cualquiera que entrase en su famosa mansión hambriento como un perro, salía de ella saciado"*. Es indudable que la elevada posición financiera de este personaje le valió uno de los primeros asientos en la cámara de los ancianos, como miembro del sanedrín; tanto que su recuerdo se conserva todavía hoy, como afirma Ritter, entre los judíos de Jerusalén[81].

BEN TSITSIT HACCASSAT. Es el tercer magnate de la época. El Talmud exalta la molicie de su vida: *"la cola de su palio sólo caminaba sobre alfombras mullidas"*. Como Nicodemo y Ben Calba Schebua, Ben Tsitsit Haccassat formó sin duda parte del sanedrín[82].

SIMÓN. Nos lo da a conocer el historiador Josefo: *"era un judío de nacimiento, muy estimado en Jerusalén por su conocimiento de la Ley"*. Un día osó convocar la asamblea del pueblo y acusar al rey Herodes Agripa, cuya conducta, según dijo, merecía que se le negase la entrada por los sagrados pórticos. Esto ocurrió ocho o nueve años después de Jesucristo, es decir, el año 42 ó 43. Puede concluirse que un hombre con tanto poder como para convocar a la asamblea del pueblo, y con bastante reputación y saber como para atreverse a acusar a un rey, debía indudablemente formar parte del sanedrín. Por lo demás, en

---

[81] Talmud, tratado *Gittin o de los divorcios,* cap. V, fol. 56, verso. David Ganz, *op. cit.,* año 4737. Ritter, *Erdkunde,* XVI, 478.

[82] Talmud, tratado *Gittin,* V, fol. 56, verso. David Ganz, *op. cit.,* año 4757.

una época en que, como hemos dicho, la nobleza de origen otorgaba derecho a ciertos honores, sólo por su nacimiento se le habrían abierto sus puertas[83].

DORÁS. Habitante muy influyente de Jerusalén, del que habla asimismo el historiador Josefo. Era un hombre de carácter adulador y cruel. Habiendo emparentado con el gobernador romano Félix, se encargó de hacer asesinar al sumo sacerdote Jonatás, que había caído en desgracia ante dicho gobernador a causa de algunos justos reproches sobre su administración. Dorás ejecutó con frialdad este asesinato mediante sicarios a sueldo de Félix, en el año 52 ó 53. La gran influencia que Dorás había adquirido desde hacía mucho tiempo en Jerusalén permite suponer que era miembro del sanedrín[84].

JUAN HIJO DE JUAN, DOROTEO HIJO DE NATANAEL, TRIFÓN HIJO DE TEUDIÓN, CORNELIO HIJO DE CERÓN. Estos cuatro personajes fueron enviados por los judíos de Jerusalén como emisarios ante el emperador Claudio en el año 44, bajo el gobernador Cuspio Fado. El emperador menciona el hecho en la carta que expidió a este gobernador, y que Josefo ha conservado. Es muy probable que ellos o sus padres se hayan sentado en la cámara de los ancianos, porque los judíos sólo escogían para las embajadas a los miembros más hábiles del sanedrín[85].

---

[83] Josefo, *Antigüedades judías*, XIX, VII, 4. Dérembourg, *op. cit.*, pág. 207, nota 1. Frankel, *Monatsschrift* III, pág. 440.
[84] Josefo, *op. cit.*, XX, VIII, 5.
[85] Josefo, *op. cit.*, XX, I, 1-2.

A esto limitan los documentos hebraicos su información sobre la cámara de los ancianos; no nos dan a conocer ningún otro nombre. Ahora bien, si nos atenemos a los escritos citados, resulta en primer lugar que, si bien esta tercera cámara era la menos influyente del sanedrín, era tal vez la más estimable de las tres, y en consecuencia debió ser la que se mostró menos apasionada en el proceso de Jesús.

En cualquier caso, una confesión que se le escapa al historiador Josefo probará sobreabundantemente que esta tercera cámara no valía más que las otras dos: *"el saduceísmo se reclutaba entre las clases ricas de la sociedad judía"* [86]. En consecuencia, puesto que en esa época de intrigas y de cábalas la cámara de los ancianos se seleccionaba entre los personajes más adinerados de Jerusalén, puede concluirse que la mayor parte de sus miembros estaban infectados de los errores del saduceísmo: enseñaban, como sigue diciendo Josefo, que el alma muere con el cuerpo. Estamos en presencia de verdaderos materialistas para quienes el destino del hombre sólo consistía en el disfrute de los bienes terrenales[87]. Espíritus extraviados que la indignación profética de David había estigmatizado antes: *"el hombre en su opulencia no perdura; se asemeja a las bestias, que perecen"* (Sal. 48, 13).

Y que nadie se imagine que al hablar así recargamos a propósito los defectos y la memoria de la

[86] Josefo, *op. cit.*, XVIII, I, 4.
[87] Munk, *op. cit.*, pág. 515.

asamblea judía: un hecho de la mayor importancia prueba que los saduceos o epicúreos eran numerosos en dicha cámara. Cuando, algunos años después del proceso de Jesús, el apóstol San Pablo compareció a su vez ante el sanedrín, como hombre hábil supo aprovecharse de sus divisiones doctrinales: *"varones hermanos, yo fariseo soy, hijo de fariseos: por la esperanza y la resurrección de los cuerpos soy yo juzgado"* *(Hech. 23, 6)*. Apenas ha pronunciado el apóstol estas palabras, cuando una ruidosa discusión se establece entre fariseos y saduceos. Todos se levantan y hablan a la vez, unos en favor de la creencia en la resurrección, otros negándola: el batiburrillo de recriminaciones y una confusión indescriptible permiten al Apóstol retirarse con tranquilidad. He aquí cuál era el estado de los espíritus, y cómo hombres notoriamente heréticos se hallaban investidos del cargo de jueces en materia doctrinal. Sin embargo, de entre esos materialistas de la cámara de los ancianos resaltaban dos justos, como en otros tiempos Lot entre los habitantes de la antigua Sodoma: Nicodemo y José de Arimatea.

Conclusión

Y ahora resumamos este capítulo. Conocemos con certeza más de la mitad de los setenta y un miembros del sanedrín, y de entre ellos casi todos los sumos sacerdotes que formaban parte de él. Esta mayoría, como hemos dicho, basta para apreciar el valor moral de la asamblea, y antes de que comiencen los debates, es fácil prever el resultado del proceso contra Jesús.

En efecto, ¿cuál puede ser el resultado de este proceso ante una primera cámara compuesta por sacerdotes degenerados, ambiciosos e intrigantes? Estos sacerdotes son en su mayor parte fariseos, es decir, hombres de espíritu estrecho, volcados a lo exterior, de una devoción desdeñosa, oficial y pagada de sí misma[88]. Se creían infalibles e impecables; esperaban al Mesías, pero a un Mesías que pisotearía a todos sus enemigos, establecería el diezmo sobre todos los pueblos del mundo, y consagraría todas las prescripciones con que ellos sobrecargaron la ley de Moisés. Ahora bien, el hombre que van a juzgar ha desenmascarado su fingida piedad y ha menguado la consideración de que gozaban. Rechaza las prescripciones que han inventado y que ponen por encima de la Ley; quiere incluso abolir los diezmos ilegales con que oprimen al pueblo... ¿Hace falta más para que a sus ojos resulte culpable, y digno de muerte?

¿Cuál podía ser el resultado del proceso ante una segunda cámara compuesta por fatuos escribas pagados de sí mismos? Estos doctores sueñan como Mesías a otro Salomón, a quien auxiliarán estableciendo en Jerusalén una academia de sabios a la cual acudi-

---

[88] *Mt.* 6, 2-5 y 16-18; 9, 11-14; 12, 2-30; 15, 1-9; 16, 5-12; 22, 15-22; 23, 1-39; *Mc.* 7, 1-13; *Lc.* 6, 1-11; *Jn.* 9, 16. *Pirqué Abot o Sentencias de los Padres,* I, 16. Josefo, *op. cit.,* XVII, II, 4; XVIII, I, 3; *Vida,* 38. Talmud de Babilonia, *Sotá,* fol. 22, recto.

rían todos los reyes de la tierra, como en otro tiempo la Reina de Saba. Ahora bien, el hombre al que van a juzgar, y que se proclama Mesías, tiene la audacia de llamar bienaventurados a los humildes de espíritu. Sus discípulos son pescadores ignorantes, reclutados en los escondrijos de las más oscuras tribus. Su palabra, de una simplicidad ultrajante, condena ante las masas el lenguaje altivo y las pretensiones de los doctores... ¿Hace falta más para que a sus ojos resulte culpable, y digno de muerte?

Finalmente, ¿cuál puede ser el resultado del proceso ante una tercera cámara formada en su mayor parte, entre los ancianos, por saduceos corrompidos, contentos con disfrutar de los bienes de esta vida y que no se ocupan ni del alma, ni de Dios, ni de la resurrección? A sus ojos, la misión del Mesías no es regenerar al pueblo de Israel y a la humanidad: debe consistir en centralizar en Jerusalén todos los bienes de este mundo, que traerán, como humildes esclavos, los paganos vencidos y humillados. Ahora bien, el hombre a quien van a juzgar, lejos de aferrarse, como ellos, a la importancia de los bienes y las dignidades de la tierra, prescribe a sus discípulos que los abandonen. Demuestra asimismo despreciar todo lo que más estiman los saduceos: las genealogías, los tejidos, las copas de oro, las comidas suntuosas... ¿Hace falta más para que a sus ojos resulte culpable, y digno de muerte?

Y así, tan sólo ateniéndonos a la moralidad de los jueces, el resultado del proceso no puede ser más que desfavorable para el acusado. Sin duda, cuando las tres cámaras que constituían el sanedrín comenzaron la sesión, ninguna esperanza de benevolencia quedaba para el alma humilde de Jesús; ninguna esperanza de benevolencia, ni de parte de los sumos sacerdotes, ni de parte de los escribas, ni de parte de los ancianos[89].

El estudio del proceso confirmará enseguida esta triste suposición. Hemos terminado de apreciar el valor moral de los jueces; es tiempo de estudiar el valor jurídico de sus actos.

---

[89] *"Desde entonces comenzó Jesús Mesías a manifestar a sus discípulos que Él tenía que ir a Jerusalén y padecer muchas cosas de parte de los ancianos y sumos sacerdotes y escribas"(Mt. 16, 21).*

Parte segunda

LOS ACTOS

Capítulo I
Una condena antes del juicio

Tres decisiones fueron tomadas por el sanedrín en sendas reuniones anteriores a la del Viernes Santo. Antes de que Jesucristo fuese conducido públicamente ante el gran consejo, éste se había congregado ya tres veces en secreto para discutir las actitudes del hijo de María, sus milagros y su doctrina. Se habían tomado tres determinaciones como consecuencia de dichos conciliábulos, las cuales constituyen una prueba irrefutable de que ya se había dictado plenamente una sentencia de muerte, antes incluso de que Jesús compareciese como acusado.

Primera reunión

La primera de estas reuniones tuvo lugar del 28 al 30 de septiembre *(tisri)* del año 781 de Roma, año 33 de Jesucristo[90]. He aquí el hecho que la provocó,

[90] Para la cronología de la vida de Jesús: P. Patrizzi, *De Evangeliis*, 2 vol. en 4ª. Dr. Sepp, *Vie de Notre-Seigneur Jésus-Christ*. Alzog, *Histoire de l'Église catholique*. Dres. Wetzer y Weltes, *Dictionnaire de la théologie catholique; art. Jésus-Christ*. P. Mémain, *Études chronologiques pour l'histoire de Notre-Seigneur Jésus-Christ*.

según el evangelista San Juan: *"el último día, el mayor de la fiesta* [28 de septiembre][91], *estaba allí Jesús y daba voces (...) Algunos, pues, de la turba, oídas estas palabras, decían: En verdad Éste es el profeta. Otros decían: Éste es el Mesías (...) Vinieron, pues, los alguaciles a los sumos sacerdotes y fariseos, los cuales les dijeron: ¿Por qué no le habéis traído? Respondieron los alguaciles: Jamás hombre habló así como este hombre. Respondiéronles pues los fariseos: ¿Qué? ¿También vosotros habéis sido embaucados? ¿Por ventura alguno creyó en él entre los jefes o entre los fariseos? Pero esa turba, que no conoce la ley, son unos malditos. Díceles Nicodemo, el que antes había venido a Él, que era uno de ellos: ¿Por ventura nuestra ley condena al reo si primero no oye su declaración y viene en conocimiento de lo que hizo? Respondieron y le dijeron: ¿Acaso también tú eres de Galilea?"* (Jn. 7, 37-53).

Tras esta conmoción de las turbas, este testimonio de los alguaciles y esta interpelación de Nicodemo, los fariseos, asustados del progreso que hacía la fe en Jesucristo, promovieron una primera reunión del sanedrín contra Él.

No puede dudarse de ello, porque San Juan, que refiere el envío de los alguaciles para prender a Jesucristo, añade, a propósito del ciego de nacimiento curado milagrosamente dos días después de la fiesta del Tabernáculo (es decir, el día 30), que *"esto dijeron sus padres porque temían a los judíos; pues ya se habían*

---

[91] La fiesta del Tabernáculo comenzaba ese año el 22 de septiembre, y su último día era el 28.

concertado los judíos en que, si alguno le reconocía por Mesías, fuese expulsado de la sinagoga" *(Jn. 9, 22)*.

Luego entre el 28 y el 30 se había dictado un decreto de excomunión. Ahora bien, este decreto prueba dos cosas: primera, que había tenido lugar una reunión solemne del sanedrín, porque sólo el sanedrín tenía poder para dictar una excomunión mayor; segunda, que en esa reunión se había debatido la cuestión de la muerte de Jesucristo.

En efecto, la antigua sinagoga distinguía tres grados de excomunión o anatema: la separación *(niddui)*, la execración *(herem)* y la muerte *(schammata)*[92].

El primer grado o *separación* condenaba a quien lo recibía a vivir aislado durante treinta días. Podía acudir al templo, aunque en un lugar aparte. Este primer grado del anatema no estaba reservado en exclusiva al sanedrín: podía ser formulado, en cualquier ciudad, por los sacerdotes encargados de actuar como jueces en ella.

El segundo grado o *execración* suponía una separación completa de la sociedad judía. Se era excluido del templo y entregado al demonio. Sólo el sanedrín que se reunía en Jerusalén podía pronunciar este anatema[93]. Así ocurrió en esta primera reunión contra quien osase afirmar que Jesucristo era el Mesías.

---

[92] Elías el levita, en *Tesbite*, voz *Schammata*.

[93] Thom. Goodvini, *Moses et Aaron seu civiles et ecclesiastici ritus antiq. Hebraeor.*, pág. 403. Sobre la excomunión en los antiguos hebreos puede leerse: Seldenus, *De Synedriis;* Carpzov, *Apparat. historic.*

El tercer grado o *muerte* era el más tremendo de los tres. Solía reservarse para los falsos profetas. Este anatema destinaba a quien lo recibía a la muerte del alma, y casi siempre también a la muerte corporal. Todo el sanedrín lo pronunciaba solemnemente en medio de las más horribles maldiciones. Y si, por alguna causa de descargo, el excomulgado no era entregado al suplicio capital (la lapidación), tras su muerte se colocaba siempre una piedra sobre su tumba, para indicar que había merecido ser lapidado; nadie podía acompañar al cuerpo del difunto o celebrar el duelo[94]. Ahora bien, todo hace suponer que el sanedrín, que no dudó en lanzar la execración contra los partidarios de Jesucristo, hubo de deliberar, en la misma sesión, si pronunciaría contra Cristo mismo la *schammata* o pena de muerte. Una vieja tradición talmúdica dice que fue así. Añade asimismo que Jesús fue excomulgado, entre el sonido de cuatrocientas trompetas, como mago y seductor del pueblo[95]. Pero en efecto, sin que sea necesario admitir tal despliegue, probablemente exagerado, puede creerse que en esta reunión la pena de muerte fue ya propuesta para Jesucristo y seriamente debatida. Si todavía no se dictó de forma definitiva, fue porque se temía al pueblo, entonces entusiasmado con los discursos y milagros de Cristo. Sea como fuere, con

crit., págs. 555-560; Vitringa, *De Synag. veter.*, págs. 730 y ss.; Reland, *Antiq.*, pág. 237.

[94] Otho, *Lex rabbi*, pág. 21. Ugolini, *Thesaur.*, XXVI.

[95] Tratado *Sanedrín.* Vitringa, *op. cit.*, pág. 781.

la medida de excomulgar públicamente a sus partidarios, de rondón el sanedrín le denunciaba a Él como falso profeta, es decir, como un hombre digno del último suplicio.

Y sin embargo, no se ha hecho comparecer a Cristo. Todavía no se le ha interrogado ni sobre su doctrina ni sobre sus milagros. No hay ni una sola prueba, como señala honradamente Nicodemo, y ya se le ha condenado sin oír su declaración ni venir en conocimiento de lo que ha hecho *(Jn. 8, 59)*.

Segunda reunión

La segunda reunión del sanedrín tuvo lugar el mes de febrero *(adar)* del año 782 (34 d.C.), unos cuatro meses y medio después de la primera. Fue con ocasión de la resurrección de Lázaro: *"algunos de entre ellos se fueron a los fariseos y les contaron lo que Jesús había hecho. Convocaron, pues, los sumos sacerdotes y los fariseos al sanedrín, y decían: ¿Qué hacemos?, pues ese hombre obra muchas maravillas. Si le dejamos así, todos creerán en Él, y vendrán los romanos y arruinarán nuestro templo y nuestra nación. Uno de ellos, Caifás, que era aquel año sumo sacerdote, les dijo: Vosotros no sabéis nada, ni reflexionáis que os interesa que muera un solo hombre por el pueblo, y que no perezca toda la nación (...) A partir, pues, de aquel día, resolvieron hacerle morir. Jesús, pues, no se presentaba ya en público entre los judíos, sino que se retiró de allí a la región vecina al desierto, a la ciudad llamada Efrén, y allí moraba con sus discípulos (...) Los príncipes de los sacerdotes y los fariseos habían dado órdenes de que, si alguno sabía dónde estaba, le denunciase, a fin de apoderarse de Él"* (Jn. 11, 46-56).

Así pues, en este segundo consejo se decide la muerte de Jesús. En el primer consejo, el de septiembre, la cuestión de la muerte sólo se había propuesto indirectamente, y no se había osado emitir una sentencia clara y definitiva. Pero esta vez la resolución está tomada. El sumo sacerdote mismo, con su propia autoridad, pronuncia el veredicto: ¡vale más que muera un hombre! Y esta sentencia la dicta sin citar al condenado, sin escucharle, sin acusadores, sin testigos, sin investigar su doctrina ni sus milagros. La pronuncia sin imputar a Jesús sedición ni revuelta alguna, sino por la única razón de que había que detener el curso de sus milagros e impedir que el pueblo creyese en Él. Y todo el consejo ratifica con servilismo esa decisión. Nadie la combate: *"a partir, pues, de aquel día, resolvieron hacerle morir"*. El designio de hacer morir a Jesús es una cosa decidida, sobre la cual ya no se deliberará más. Es una decisión firme y constante que no podrá ejecutarse demasiado pronto: no queda ya más que determinar el momento y los medios. Entretanto, la orden de detención está lanzada: *"los príncipes de los sacerdotes y los fariseos habían dado órdenes de que, si alguno sabía dónde estaba, le denunciase, a fin de apoderarse de Él"*. ¿No es esto una prueba más que evidente de que cuando Jesús sea descubierto, apresado y llevado ante el sanedrín, estará ya previamente condenado a muerte?

Tercera reunión

La tercera reunión tuvo lugar veinte o veinticinco días después de la segunda, el miércoles de la última semana de Jesús, el 12 de marzo *(nisan)* del año 782, dos días antes de la Pasión: *"por entonces se reunieron los sumos sacerdotes y los ancianos del pueblo en el palacio del sumo sacerdote, llamado Caifás, y acordaron prender a Jesús con engaño y darle muerte; pero decían: No durante la fiesta, no sea que se arme alboroto en el pueblo"* (Mt. 26, 3-5; *Lc.* 22, 1-2).

Como puede verse, la reunión de este tercer consejo ya no tiene como objeto debatir la muerte de Cristo: esa muerte ha sido decidida, resuelta, absolutamente sentenciada en el segundo consejo. Ahora sólo se trata de determinar el momento de la muerte y la forma de prender a Jesús. Tras la deliberación, se decidió esperar y retardar, hasta después de las fiestas de Pascua, el arresto de Jesucristo, por miedo a despertar algún tumulto en el pueblo.

Los miembros del sanedrín se disponían a prepararla, tras haber tomado la resolución de esperar con paciencia, cuando un acontecimiento imprevisto les hizo reconsiderar esta decisión: *"entonces uno de los Doce, el llamado Judas Iscariote, yendo a los sumos sacerdotes, les dijo: ¿Qué me queréis dar, y yo os lo entregaré? Ellos ajustaron con él treinta denarios"* (Mt. 26, 14-16; *Mc.* 14, 10-11; *Lc.* 22, 3-4). Como un nuevo Ajitofel, Judas es recibido con efusiones de alegría por los miembros del sanedrín, como lo había sido el primero en el consejo de rebeldes convocado por

Absalón *(II Sam.* 16-17). Los profetas, que tenían presentes los misterios de Jesucristo con todas sus circunstancias, vieron en espíritu a este tercer consejo de hombres del sanedrín; vieron a estos hombres desconcertados, primero no sabiendo qué partido tomar para fijar un día propicio para la muerte de Cristo, y luego apareciendo Judas en medio de ellos: *"prorrumpían mis enemigos en imprecaciones contra mí: ¿cuándo morirá y perecerá su nombre? Y si alguien vino a verme, falsedad profería, su corazón acumulaba para sí iniquidad; salido afuera, hablaba. Murmuran de consuno contra mí todos los que me odian, contra mí ellos proyectan mi perjuicio. 'Maléfica palabra en él se ha vertido, y quien se acostó no volverá a levantarse'. Hasta mi íntimo amigo, en quien yo confiaba, quien de mi pan comía, levantó contra mí el calcañar"* (Sal. 40/41, 6-10). Como resultado de esta pasmosa traición, queda resuelta la incertidumbre del sanedrín. El prendimiento de Jesús ya no tendrá lugar después de las fiestas de Pascua, en un día todavía indeterminado, sino en el primer momento favorable: *"se concertaron en que le darían dinero. Y se comprometió. Y andaba buscando buena coyuntura para entregárselo sin alboroto de la turba"* (Mt. 26, 16; Lc. 22, 6). El sanedrín ignora todavía cuál será esa ocasión favorable; pero no puede tardar, pues Judas va a estar al acecho. Y es así cómo, antes de que Cristo haya comparecido, su suplicio ya está fijado para el primer instante propicio. Primero se quería diferirlo hasta después de las ceremonias de Pascua: pero la traición de Judas provocará que sea en la misma solemnidad de

Pascua cuando Jesús sea crucificado. ¡Y así el Cordero de Dios será inmolado el mismo día en que durante quince siglos lo fue el cordero pascual, figura y profecía de su holocausto!

* * *

Y ahora veamos conjuntamente las decisiones de estos tres consejos. Jesucristo aún no ha comparecido ante el sanedrín, y no lo hará hasta el jueves por la tarde y el viernes por la mañana, los días 13 y 14 de la segunda semana de *nisan* (marzo del 782). Y sin embargo, por tres veces, el sanedrín ya ha celebrado consejo, y ha tomado tres decisiones: en el primer consejo, excomulgando sin más a los partidarios de Cristo, se le ha denunciado indirectamente a Él como falso profeta, y por ello mismo se le ha declarado digno de muerte; en el segundo, la cuestión de su muerte se ha planteado con claridad, resolviéndose en sentido afirmativo; en el tercero, la detención y ejecución se han fijado para el primer momento favorable.

Pues bien, nosotros preguntamos ahora a todo israelita de buena fe: cuando el sanedrín haga comparecer ante él a Jesús de Nazaret como si fuese a discutir su vida, ¿no se tratará de una burla sangrante, de una mentira espantosa?; y el acusado, por inocente que pueda ser su vida, ¿no será indudablemente condenado a muerte veinte veces?

Capítulo II
Normas procesales que obligaban al sanedrín

Ya conocemos el valor moral de los miembros del sanedrín y sus disposiciones secretas hacia Jesús. Podríamos penetrar ya, sin más dilación, en la sala de sesiones y asistir, junto con la masa que allí se aprieta, al proceso de Jesús. Sigamos empero difiriéndolo. Para estar en disposición de apreciar con imparcialidad el drama excepcional que va a desarrollarse ante nuestros ojos, nos es necesario un conocimiento previo: el conocimiento de la legislación criminal de los hebreos.

Además de las reglas de justicia natural, comunes a todos los tiempos y a todos los lugares, el pueblo hebreo (pueblo civilizado en grado sumo) poseía normas de justicia positiva promulgadas o por la boca de Dios, o por la sabiduría de sus legisladores; y puede comprenderse la importancia de conocer esas reglas de justicia positiva cuando se emprende la tarea de apreciar, sin prejuicios, el valor jurídico de los actos del sanedrín. Veamos pues lo más destacable referente a la cuestión que nos ocupa.

El Pentateuco y los demás libros del Antiguo Testamento sólo ofrecen un pequeño número de datos sobre la administración de justicia en el pueblo hebreo. La jurisprudencia judía, en sus principios y en la manera de interpretarlos, era transmitida principalmente por la voz de la tradición. Para conocer toda la legislación seguida por el sanedrín en la prosecución de las causas criminales hay que acudir, después de la Escritura Santa, a las tradiciones.

Estas tradiciones existen y están recogidas desde hace diecisiete siglos en un libro célebre: la Mischná, obra del Rabí Judá. Este sabio rabino, hacia finales del siglo segundo de la era cristiana, afectado por el deplorable estado de su nación (que Adriano acababa de expulsar para siempre de Judea), se propuso fijar por escrito toda la tradición judía. Su trabajo recibió el nombre de *segunda ley* o Mischná, y es contemplado por los judíos de la diáspora como el código de la ley oral, por oposición al Pentateuco, o ley escrita, comunicada por Dios a Moisés. Pues bien, uno de los tratados de la Mischná (compilación de todas las tradiciones religiosas, legales, administrativas o judiciales) completa los datos del Antiguo Testamento sobre la administración de justicia: es el tratado *De los Sanedrines*. Como puede comprenderse, nos resultará infinitamente precioso para dilucidar el proceso de Jesús. Lo citaremos con amplitud, sin excluir sin embargo otras tradiciones judiciales, útiles también, pero dispersas en distintas compilaciones[96].

[96] La Mischná comprende sesenta y tres tratados, agrupados bajo los seis títulos u órdenes siguientes: orden de las siembras, orden de los

Días y horas en que se prohibía toda sesión judicial

1. Se prohíben las sesiones en sábado o en día de fiesta. *"No se juzgue en día de sábado o en día de fiesta"* (Mischná, tratado *Betza, o del Huevo,* cap. V, n. 2). La solemnidad de estos días explica por sí sola esta prohibición. Además, Maimónides, en su comentario sobre el sanedrín (cap. II), añade: *"como estaba prescrito ejecutar al criminal inmediatamente después de la sentencia, tal suplicio, como por ejemplo el del fuego, habría constituido una violación del sábado, según se dice en el Éxodo: No encenderéis fuego en ninguna de vuestras moradas el día del sábado (Éx. 35, 3)".*

tiempos festivos, orden de las mujeres, orden de los perjuicios, orden de las santidades, orden de las purificaciones. El tratado *De los sanedrines* es el cuarto del orden de los perjuicios. Existe una traducción latina de la Mischná hecha por el protestante Surenhusius. Desgraciadamente, los fallos que envuelve este gran trabajo son considerables. Deseamos que se ofrezca una edición corregida. Sin duda, no todas las tradiciones judiciales admitidas y recogidas en la Mischná son auténticas. Muchas fueron alteradas, exageradas, e incluso inventadas por los rabinos, celosos de hacer valer la equidad del sanedrín. Sin embargo, un gran número son verdaderas y datan de la antigua Sinagoga. Para distinguir estas verdaderas tradiciones judiciales de las falsas existe una regla infalible: siempre que se encuentre en la Mischná una ley judicial violada en el proceso de Jesús, puede afirmarse que data de la antigua Sinagoga, es decir, que no ha sido alterada por los rabinos. Éstos, en efecto, se esforzaron en modificar en la legislación hebraica todo lo que, a los ojos de la posteridad, podía incriminar la conducta del sanedrín hacia Jesucristo. Así pues, ellos permitieron que en los viejos escritos subsistiese una ley abiertamente violada en el caso de Cristo cuando, consagrada por el tiempo y la popularidad, no había modo de desnaturalizarla.

2. Se prohíben las sesiones incluso la víspera del sábado o de un día de fiesta. *"No juzgará ni la víspera del sábado ni la víspera de un día de fiesta"* (Mischná, tratado *Sanedrín*, cap. IV, n. 1). Con ello se pretendía no exponer a los jueces a violar al día siguiente la ley del sábado, si el asunto no se había podido concluir la víspera. (Talmud de Jerusalén, tratado *Ketubot, o de los contratos de matrimonio*, fol. 24; tratado *Moed Katon o de la pequeña fiesta*, fol. 63).

3. Se prohíbe instruir un asunto capital durante la noche. *"Que sea tratado durante el día y se suspenda durante la noche"* (Mischná, tratado *Sanedrín*, cap. IV, n. 1). Maimónides comenta así esta ordenanza: *"se abstenían de examinar un asunto capital durante la noche, porque sabemos por la tradición oral que un asunto capital debe tratarse como una plaga: sólo se la aprecia bien durante el día"* (Maimónides, tratado *Sanedrín*, cap. III).

4. Se prohíbe comenzar la sesión antes de realizar el sacrificio matutino. *"Los miembros del sanedrín se reunían desde el sacrificio matutino hasta el sacrificio vespertino"* (Talmud de Jerusalén, tratado *Sanedrín*, cap. I, fol. 19; Talmud de Babilonia, cap. X, fol. 88). *"Ahora bien, como el sacrificio matutino se ofrecía justo al amanecer, el sanedrín no podía reunirse hasta una hora después de la aurora"* (Mischná, tratado *Tamid, o del Sacrificio Perpetuo*, cap. III).

De la declaración de los testigos

1. Los testigos debían ser como mínimo dos. *"Un solo testigo no valdrá contra un hombre respecto a cualquier crimen, delito o falta que haya cometido; una causa será firme por declaración de dos o de tres testigos"* (*Núm.* 35, 30; *Deut.* 17, 6 y 19, 15).

2. Los testigos debían declarar por separado, pero siempre en presencia del acusado. *"Y les dijo Daniel* [sobre los dos ancianos que habían declarado contra Susana]: *separadlos lejos uno de otro y los examinaré"* (*Dan.* 13, 51).

3. Antes de declarar, los testigos debían prometer decir la verdad concienzudamente. El juez les conminaba con esta fórmula: *"no son conjeturas, o lo que los rumores públicos te han dado a conocer, lo que te pedimos. Piensa bien que pesa sobre ti una gran responsabilidad, que el asunto que nos ocupa no es como un asunto de dinero, en el cual se puede reparar el daño. Si hicieses que el acusado fuese condenado injustamente, su sangre, incluso la sangre de toda su descendencia, a quienes habrías privado de la tierra, recaerá sobre ti. Dios te pediría cuentas, como pidió cuentas a Caín de la sangre de Abel"* (Mischná, tratado *Sanedrín*, cap. IV, n. 5).

4. Los jueces debían examinar los testimonios con atención. *"Los jueces indagarán bien..."* (*Deut.* 19, 18). *"Debe interrogarse a los testigos sobre siete tipos de cuestiones: ¿es un año jubilar? ¿es un año ordinario? ¿qué mes? ¿qué día del mes? ¿a qué hora? ¿en qué lugar? ¿es esta persona?"* (Mischná, tratado *Sanedrín*, cap. V, n. 1).

5. El testimonio carecía de valor si quienes lo aportaban no estaban de acuerdo sobre el mismo hecho en todos sus extremos. *"Si un testigo contradice al otro, no se acepte el testimonio"* (Mischná, tratado Sanedrín, cap. V, n. 2). *"Así, si se juzga el abandono del culto a Jehová, y un testigo asegura haber visto a un israelita adorar al sol y otro haberle visto adorar la luna, aunque los dos hechos prueban por igual la idolatría y ésta es un crimen horrible, la prueba es incompleta y el acusado debe ser absuelto"* (Maimónides, tratado Sanedrín, cap. XX y ss.).

6. Los falsos testigos deben padecer la pena a la cual habría sido condenada la persona a la que habían calumniado. *"Los jueces indagarán bien; si ven que el testigo es un testigo falso, que ha depuesto falsedad contra su hermano, haréis con él lo que él pretendía hacer con su hermano (...) No tendrás conmiseración: vida por vida, ojo por ojo, diente por diente, mano por mano, pie por pie"* (Deut. 19, 18-21). *"Y se levantaron contra los dos viejos, puesto que los había convencido Daniel por su propia boca de falsos testigos; e hicieron con ellos de la manera que ellos habían tramado perversamente contra el prójimo, para dar cumplimiento a la ley de Moisés; y los mataron"* (Dan. 13, 61-62).

Del examen del acusado

1. Las expresiones utilizadas con el acusado deben respirar humanidad y una especie de benevolencia. Josué dijo a Akán: *"hijo mío, da gloria a Yahveh, Dios*

de Israel, y confiésate a Él; declárame, por favor, qué has hecho; no me lo ocultes" (Jos. 7, 19). *"Querida hija mía, que eres sospechosa de adulterio, ¿no será la causa de tu pecado un consumo inmoderado de vino? ¿Será la ligereza, o tal vez frecuentar malas compañías, lo que te ha dado ocasión? Cumplid pues, en el nombre temible del Dios de Israel, las santas ceremonias prescritas en esta circunstancia"* (Mischná, tratado *Sotá o de la mujer sospechosa de adulterio,* cap. I, n. 4).

2. El acusado no podía ser condenado en base a su declaración. *"Consideramos principio fundamental que nadie puede perjudicarse a sí mismo. Si alguien se acusa ante la justicia, no se le debe creer a menos que el hecho esté respaldado por otros dos testigos. Es conveniente señalar que la muerte infligida a Akán en tiempos de Josué fue una excepción ocasionada por la naturaleza de las circunstancias; porque nuestra ley no condena jamás sobre la simple confesión del acusado"* (Mischná, tratado *Sanedrín,* cap. VI, n. 2; tratado *De la dote y de las cartas matrimoniales,* cap. III, n. 9; Maimónides, tratado *Sanedrín).*

De la defensa

El mismo acusado defendía su causa. La ley no menciona a los abogados. Pero se le permitía a los asistentes tomar la palabra en favor del reo, lo cual se consideraba como un acto de piedad. *"Cuando salía a la puerta alta de la ciudad y en la plaza instalaba mi asiento* [la justicia se administraba a la puerta de las ciudades] (...) *la causa del desconocido examinaba; yo quebraba las muelas del injusto y de sus dientes hacía soltar la presa"* (Job 29, 7-17). *"Corregid al opresor, haced justicia al huérfano, defended la causa de la viuda"* (Is. 1, 17). *"¿Tan necios sois los hijos de Israel? ¿Sin haber examinado el asunto y sin haber puesto en claro la verdad, condenasteis a una hija de Israel?"* (Dan. 13, 48).

Del juicio

1. Siempre que un proceso criminal debía concluir con una condena a muerte, no podía acabar el día mismo en que había comenzado, sino que los jueces debían diferir hasta el día siguiente la votación y el pronunciamiento de la sentencia. *"Todo juicio criminal puede terminar el mismo día en que comenzó, si el resultado de los debates es la absolución del acusado. Pero si se debe pronunciar la pena capital, no deberá terminar hasta el día siguiente"* (Mischná, tratado *Sanedrín*, cap. IV, n. 1).

2. Durante la noche intermedia, los jueces, de vuelta a casa y reunidos de dos en dos en los límites de sus moradas, debían recomenzar en particular el examen del crimen, sopesando en la sinceridad de su conciencia las pruebas aportadas contra el acusado y las razones alegadas para su defensa. *"Habiendo remitido el juicio hasta el día siguiente, los jueces se reunían por parejas y recomenzaban el examen de la causa"* (Mischná, tratado *Sanedrín*, cap. V, n. 5).

3. Para poder deliberar en buenas condiciones, los jueces estaban obligados a abstenerse, durante esa noche intermedia, de una alimentación demasiado abundante, de vino, de licores, y de todo lo que pudiese mermar la aptitud de su espíritu para la reflexión. *"Reduciendo su alimentación y absteniéndose de vino, examinen la causa"* (Mischná, tratado *Sanedrín*, cap. V, n. 5). Se basaba también en este versículo del Levítico: *"no comeréis nada con sangre" (Lev.* 19, 26).

4. Al día siguiente, de regreso a la sala de justicia, los jueces opinaban por turno, absolviendo o condenando. *"Al día siguiente vuelven a la sala de justicia. Entonces quien absuelve se pronuncia así: yo absuelvo. Y quien condena: yo condeno"* (Mischná, tratado *Sanedrín,* cap. V, n. 5).

5. Dos escribas debían apuntar los votos: uno, los favorables; otro, los condenatorios. *"El sanedrín estaba dispuesto en semicírculo. Y a cada uno de los dos extremos de ese semicírculo se situaba un secretario encargado de recoger los votos: uno, los de quienes absolvían; otro, los de quienes condenaban"* (Mischná, tratado *Sanedrín,* cap. IV, n. 3).

6. El número de votos condenatorios debía sobrepasar en dos a los votos absolutorios. *"En los juicios criminales, basta la mayoría de un voto para la absolución; pero para la condena es necesaria una mayoría de dos votos"* (Mischná, tratado *Sanedrín,* cap. IV, n. 1). *"Al constar el sanedrín de setenta y un miembros, si treinta y cinco condenan, el acusado queda absuelto; déjesele libre en el acto. Si treinta y seis condenan, sigue siendo libre" (Ibid.,* cap. V, n. 5).

7. Toda sentencia de muerte dictada fuera de la sala Gazit o *de las piedras de sillería* era considerada nula. *"Cuando se abandona la sala Gazit, no se puede condenar a nadie a una sentencia de muerte"* (Talmud de Babilonia, tratado *Abodá Zará o de la Idolatría*, cap. I, fol. 8). *"Sólo podía haber sentencia de muerte cuando el sanedrín se reunía en su lugar propio"* (Maimónides, tratado *Sanedrín*, cap. XIV).

* * *

Tales son, según la ley escrita y según la ley oral, la Biblia y la Mischná, las principales normas de justicia y las formalidades legales que el sanedrín debía observar rigurosamente durante las deliberaciones de toda causa criminal.

¿Se respetaron con escrupulosidad esas reglas de justicia y esas formalidades legales en el proceso de Jesucristo? Ésa es la cuestión que nos queda por examinar.

Ya hemos demostrado perentoriamente, prueba en mano, que desde el punto de vista de su composición el sanedrín sólo presentaba un conjunto de hombres sin valor moral alguno. También hemos establecido, mediante hechos indiscutibles, que esa asamblea estaba resuelta de antemano a dictar contra Cristo, a pesar de su inocencia, una sentencia capital. Vamos a demostrar ahora, y esperamos que de forma no menos victoriosa, que en el proceso público de Jesucristo, que comenzó la noche del 14 de nisan del 4034, y terminó la mañana de ese mismo día[97] (17 y 18 de marzo de 782), todas las reglas de justicia y de legalidad antes citadas fueron indignamente violadas, ultrajadas y pisoteadas, y que el acto del sanedrín condenando a muerte a Cristo, lejos de presentar apariencia alguna de legalidad o justicia, no fue más que un asesinato.

[97] Los hebreos, tanto en lo concerniente a la religión como para los asuntos civiles, contaban los días desde una puesta de sol a otra. Tenían la costumbre de denominar al día entero, es decir, al espacio de veinticuatro horas, con las palabras *tarde y mañana*. *"Desde la tarde a la tarde siguiente, guardaréis vuestro descanso"* (Lev. 23, 32). *"Y llamó* [Dios] *a la luz día y a la oscuridad llamó noche. Y atardeció y luego amaneció: día uno"* (Gén. 1, 5-31).

Capítulo III
Irregularidades jurídicas
de la sesión de la noche

Al proceso de Jesús se consagraron dos sesiones. La primera tuvo lugar durante la noche del 14 nisan (marzo), y nos la cuentan San Mateo, San Marcos y San Juan; la segunda, convocada por la mañana de ese mismo día, la mencionan San Mateo y San Marcos, pero sólo la cuenta en detalle San Lucas.

Así pues, el sanedrín está reunido. Pero esta vez ya no es en secreto, porque se trata de juzgar a Jesús de manera pública. ¡Y lo va a hacer el sanedrín, es decir, la asamblea compuesta por los tres estamentos de la nación: los sacerdotes, los escribas, los ancianos! Es importante constatarlo auténticamente: *"y de allí conducen a Jesús al sumo sacerdote, y se juntan todos los sumos sacerdotes y los ancianos y los escribas"* (*Mt.* 26, 57; *Mc.* 14, 53).

"Era de noche (...) Judas, pues, habiendo tomado la cohorte y gendarmes proporcionados por los sumos sacerdotes y por los fariseos, llega allá con linternas, antorchas y armas" (*Jn.* 13, 30; 18, 3). Primera irregularidad, porque la ley judía prohibía los procesos nocturnos: *"puede tratarse un asunto capital durante el*

día, pero debe suspenderse durante la noche" (Mischná, tratado *Sanedrín,* cap. IV, n. 1).

Es después del sacrificio vespertino, SEGUNDA irregularidad: *"sólo se reunirán desde el sacrificio matutino hasta el sacrificio vespertino"* (Talmud de Jerusalén, tratado *Sanedrín,* cap. I, fol. 19).

Es el primer día de ázimos, víspera de la gran fiesta de Pascua, TERCERA irregularidad: *"no juzgarán ni la víspera del sábado, ni la víspera de un día de fiesta"* (Mischná, tratado *Sanedrín,* cap. IV, n. 1).

Primer interrogatorio de Jesús por Caifás

"El pontífice, pues, interrogó a Jesús" (Jn. 18, 19). Ese Caifás que interroga es el mismo Caifás que había declarado poco tiempo antes, en la reunión general del sanedrín celebrada en su palacio cuando la resurrección de Lázaro, que el bien público reclamaba imperiosamente la muerte de Jesús de Nazaret.

¿Cómo es esto? Quien se ha constituido en acusador, ¿se permite sentarse como juez, más aún, como presidente de los debates? Es la CUARTA irregularidad, una irregularidad indignante, porque todas las legislaciones humanas, y en especial la legislación hebraica, niegan al acusador el derecho a sentarse como juez: *"cuando surja un testigo perverso contra un hombre, acusándolo de una transgresión, los dos hombres que tienen el pleito se presentarán ante Yahveh, delante de los sacerdotes y jueces que haya por aquellos días"* (Deut. 19, 16-17). ¡Como se ve, el acusador y el juez son distintos, no deben confundirse! Y aquí sí lo están: Caifás, que ayer acusaba, hoy juzga, monstruosidad judicial que San Juan ha querido resaltar muy particularmente en su relato de la Pasión: *"era Caifás quien había dado a los judíos aquel consejo: conviene que muera un hombre solo por el pueblo" (Jn.* 18, 14).

"El pontífice, pues, interrogó a Jesús acerca de sus discípulos y de su doctrina" (Jn. 18, 19). Caifás, a la vez juez y acusador, en lugar de comenzar por reunir testigos y enunciar los cargos de acusación, como exigía la ley judía (*"si se hallare en medio de ti [...] hombre o mujer que hubiere cometido el mal a los ojos de Yahveh [...] indagarás bien. Si se comprueba que la cosa es cierta y segura [...] por confesión de dos o tres testigos" [Deut.* 17, 2-6]), comienza por un interrogatorio capcioso, con el fin de sorprender a Jesús por medio de sus propias confesiones. Este procedimiento constituye una QUINTA irregularidad, porque ¿qué hay más irregular que detener a un hombre al cual no se le pueden pedir cuentas de ningún delito? ¿Qué hay más inaudito que comenzar interrogándole sobre lo que le concierne, sin presentar ningún cargo de acusación?

"Respondióle Jesús: yo he hablado públicamente al mundo; yo siempre enseñé en la sinagoga y en el templo, adonde concurren todos los judíos, y a escondidas no hablé nada. ¿Por qué me interrogas a mí? Interroga a los que han oído lo que les hablé; mira, ésos saben lo que dije yo" (Jn. 18, 20-21). La respuesta de Jesucristo resalta precisamente la ilegalidad cometida por Caifás al comenzar el interrogatorio sin haber presenta-

do antes el cuerpo del delito. Antes de interrogar, los jueces tienen la obligación de reducir a algunos puntos precisos y probados las acusaciones que deben juzgar. ¿Por qué me interrogáis? Es decir, ¿queréis que sea yo mismo mi delator? ¿Tenéis vosotros en particular algo preciso y claro que objetarme? Si es así, tenéis que planteármelo y preguntarme si lo confieso. Pero si no es así, y si nada conocéis, ni por vosotros mismos ni por medio de declaraciones, que merezca ser reprendido en mi doctrina, ¿cómo queréis que me culpe a mí mismo convirtiéndome en mi acusador? O más aún, ¿cómo no os dais cuenta de que confesando que os veis reducidos a la única prueba de mi confesión, me justificáis y me dais, según la ley, el certificado de mi inocencia: *"tenemos como principio fundamental que nadie se puede perjudicar a sí mismo"* (Mischná, tratado *Sanedrín*, Cap. VI, n. 2)?

"En habiendo Él dicho esto, uno de los guardias allí presentes dio una bofetada a Jesús, diciendo: ¿Así respondes al Pontífice?" (Jn. 18, 22). Esta inaudita brutalidad de un guardia en presencia del presidente y de los jueces constituye una SEXTA irregularidad. Es una injusticia escandalosa de este presidente y de estos jueces que alguien se atreva en su presencia a maltratar sin razón y sin autoridad a quien ellos han citado ante su tribunal. ¿Acaso no disponen todas las legislaciones que el acusado se encuentra bajo la protección de la ley y de los jueces hasta que sea condenado? Aquí, el silencio guardado y la impunidad concedida prueban que el consejo ratifica la violen-

cia y acepta la ilegalidad. Son una prueba evidente de la iniquidad de los jueces, y en particular de quien les preside. Porque si la Biblia y la Mischná ordenan emplear con el acusado formas que respiren humanidad y benevolencia: *"hijo mío (...) declárame, por favor, qué has hecho"* (Jos. 7, 19), o *"queridísima hija, ¿cuál es la causa de tu pecado?"* (Mischná, tratado *Sotá*, cap. I, n. 4), ¡con mayor razón prohíben toda apelación a una violencia injusta y a la brutalidad!

"Respondióle Jesús: si hablé mal, da testimonio de lo malo; mas si bien, ¿por qué me hieres?" (Jn. 18, 23). He aquí el significado de estas palabras: si he hablado mal contra el pontífice o contra la verdad, dad testimonio del mal; probad en qué he faltado. Pero si no he dicho nada ni contra el pontífice, ni contra la verdad; si me he limitado a indicar el orden natural del procedimiento, como es mi derecho; si lo he hecho en términos de los cuales no puede reprenderse ni el fondo ni la forma, ¿por qué me golpeáis? Jesucristo habría tenido derecho a decir cosas bastante más fuertes no solamente contra este guardia indigno, sino contra el sumo sacerdote y presidente que autorizaba tranquilamente violencia tan manifiesta; *"si no lo hizo, fue porque no quería deshonrar al sacerdocio en la persona de quien estaba revestido de él. ¡Pero no por ello defendió con menor fuerza o con menos dignidad su inocencia!"* [98].

Y llega así la alegación de los testigos: *"y los sumos sacerdotes y todo el sanedrín buscaban contra Jesús*

[98] San Cipriano, *Epist., LV ad Corn.*, pág. 144.

*algún falso testimonio para poder darle muerte, y no lo
hallaban; porque muchos testificaban en falso contra
Él" (Mt.* 26, 59-60; *Mc.* 14, 55-56). Después de las
palabras de Jesucristo, que había apelado a la declaración de los testigos, se hacía imposible condenarle
si no se producía alguna deposición acusadora. ¿Qué
hace entonces el sanedrín? Envía a los guardias a buscar testimonios entre la plebe; incluso ordena que se
soborne a los testigos. ¡Oh, monstruosa iniquidad!
No solamente se abstiene, cometiendo una SÉPTIMA
irregularidad, de examinar con un cuidado extremo
la calidad de los testigos y la verdad de sus declaraciones, según había ordenado Dios, por medio de
Moisés, a todos los jueces: *"los jueces indagarán bien;
si ven que el testigo es un testigo falso..." (Deut.* 19, 18);
sino que va a violar, cometiendo una OCTAVA irregularidad, la ley fundamental que obligaba a los jueces
a tomarles juramento de no decir nada más que la
verdad: *"piensa que una gran responsabilidad pende
sobre ti...",* etc. (Mischná, tratado *Sanedrín,* cap. IV,
n.5). Más aún: esos jueces inicuos, sobornando a testigos falsos, caen ellos mismos bajo el peso de la ley,
que les ordena expresamente castigar el falso testimonio: *"haréis con él lo que pretendía hacer con su hermano (...) vida por vida, ojo por ojo, diente por diente"
(Deut.* 19, 18-21). ¡Pero esta ley la violan en sí mismos, y la violan en los otros: NOVENA irregularidad!
En verdad, ya no son jueces; son una caterva de
homicidas, sedientos de la sangre de un justo. Nada
hay que se parezca más a esta extraña asamblea que

la que se reunió por orden de Jezabel para condenar al inocente Nabot: *"escribió, pues, ella cartas en nombre de Ajab y las selló con su sello, y enviólas a los ancianos y nobles que había en la ciudad de él, corresidentes de Nabot. Y escribió en las cartas diciendo: 'Promulgad un ayuno y sentad a Nabot a la cabeza del pueblo. Haced comparecer ante él dos hombres perversos que atestigüen en contra suya, diciendo: Has maldecido a Dios y al rey. Y sacadle fuera y lapidadle para que muera'. Sus conciudadanos los ancianos y primates que habitan en su ciudad hicieron conforme les había enviado a decir Jezabel, según estaba escrito en las cartas que ella les remitiera. Promulgaron un ayuno e hicieron sentar a Nabot a la cabeza del pueblo. Entonces llegaron los dos hombres perversos, comparecieron frente a él y declararon en contra de Nabot delante del pueblo, diciendo: 'Nabot ha maldecido a Dios y al rey'. Y sacáronle fuera de la ciudad, le apedrearon, y así murió"* (I Rey. 21, 8-13).

Continuemos con la declaración de los testigos: *"muchos testificaban en falso contra Él, y los testimonios no eran acordes. Y algunos, levantándose, testificaban en falso contra Él, diciendo: Nosotros le oímos decir: yo derribaré este santuario, hecho por mano de hombre, y en tres días edificaré otro no hecho por manos humanas. Y ni aún así era acorde su testimonio"* (Mt. 26, 60; Mc. 14, 56-59).

Antes de someter a examen esta doble deposición, claramente formulada, notemos primero una DÉCIMA irregularidad: dos testigos se adelantan y declaran juntos, lo cual es contrario a la ley. Los testigos sólo deben declarar separadamente uno de otro: *"separadlos lejos uno de otro y los examinaré" (Dan. 13, 51).*

Y ahora vayamos a las declaraciones. Esta vez, eran capitales. Es sabido hasta qué punto era celoso el pueblo judío de la gloria del templo. Por haber anunciado proféticamente: *"reduciré este templo a la situación de Siló y convertiré esta ciudad en maldición para todas las naciones de la tierra" (Jer. 26, 6-19),* Jeremías había estado a punto de ser lapidado por los sacerdotes y por el pueblo; y si escapó a una muerte cierta, lo debió a la intervención de poderosos señores influyentes sobre el tribunal. La acusación formulada contra Jesús por los dos testigos era, pues, de la mayor gravedad. Por ello despertó la atención de todo el consejo; se esperaba haber hallado por fin un motivo suficiente de convencimiento y condenar jurídicamente al acusado.

Y así habría sido si los testimonios hubiesen sido verídicos y concordantes. Pero lejos de adornarse con estas dos cualidades exigidas por la ley judía, ambas declaraciones, como acabamos de establecer, eran falsas y discordantes.

Eran falsas, en primer lugar, porque no referían las palabras de Jesucristo en los términos utilizados por su autor. En efecto, Jesucristo no había dicho *puedo destruir,* ni *destruiré,* como afirmaban los dos testigos para hacerle sospechoso, sino *destruid.* *"Destruid este templo y lo reconstruiré en tres días" (Jn. 2, 19);* palabras hipotéticas insuficientes para constituir un cargo serio contra el acusado, puesto que significaban: *suponed que este templo es destruido...,* etc. Ahora bien, para suministrar al impaciente sanedrín un delito grave y capital, los testigos atribuían a Jesucristo esas palabras absolutas y categóricas: *puedo destruir* y *destruiré.*

En segundo lugar, las declaraciones también eran falsas porque reproducían las palabras de Jesucristo en un sentido distinto a aquel con que habían sido dichas. Al pronunciarlas, Jesucristo había aludido al templo vivo de su sagrado cuerpo, y no había tenido en modo alguno la intención de referirse al templo material de Jerusalén. El apóstol San Juan, que oyó estas palabras, lo afirma expresamente: *"Él, empero, hablaba del santuario de su cuerpo" (Jn. 2, 21).* Para convencerse plenamente de ello basta señalar los términos empleados por Jesucristo. Con objeto de no dejar ninguna duda sobre su intención, que era no hablar más que de su cuerpo, Cristo se había servido de la palabra *solvite* [Vulgata], término que los testigos interpretaron en el sentido de *destruir,* pero que en su acepción obvia y natural significa propiamente *romper lazos* (en este caso, ¡*romped los lazos de este templo!*) y se refiere evidentemente a un cuerpo animado (templo vivo cuyos lazos con la muerte pueden romperse), y en absoluto a un templo material. Pero lo que concluye por fijar victoriosamente el sentido de las palabras de Cristo, son los términos finales de su frase: *"y en tres días lo resucitaré"* [*excitabo,* Vulgata] y no *"lo reedificaré"* [*aedificabo,* Vulgata]. Si

Jesús hubiese hecho alusión al templo material de Jerusalén, se habría servido de las palabras *destruir* y *edificar;* pero como no tenía en mente más que un templo místico, su sagrado cuerpo, había empleado los términos *romper lazos* y *resucitar.* El paralelismo de estas expresiones, empleadas deliberadamente, termina de disculpar a Jesucristo de todo ánimo culpable en referencia al templo de Jerusalén.

Y la conclusión, en cuanto a los testigos, no puede ser más que una de dos: o bien habían comprendido mal a Jesucristo, como le habían comprendido mal otros judíos, que habían exclamado al oírlas: *"¡cómo, hemos tardado cuarenta y seis años en construir este templo, y tú dices que lo restablecerías en tres días!";* o bien, habiendo captado perfectamente el pensamiento de Jesucristo, lo reproducían, con un negro designio, en un sentido completamente distinto a aquel en que había sido expresado. En ese caso eran falsos testigos con una doble cabeza, no sólo porque imputaban a Jesucristo las palabras *puedo destruir* o *destruiré,* que Cristo no había pronunciado, sino también porque, al referir al templo de Jerusalén palabras que no le concernían en absoluto, falsificaban el sentido en el cual esas palabras habían sido proferidas.

Pero hay algo más: aun si los testigos hubiesen dicho la verdad, y Jesucristo hubiese pronunciado realmente las palabras que se le atribuían, jurídicamente sus declaraciones no podían ser aceptadas. La razón es que, según la ley hebrea, *"un testimonio no tenía valor si quienes lo aportaban no estaban de acuer-*

do sobre el mismo hecho en todas sus partes" (Mischná, tratado *Sanedrín,* cap. V, n. 2). Por ejemplo, si se tratase del crimen de idolatría, considerado como el más grave por el antiguo Estado judío, *"si un testigo asegura haber visto a un israelita adorar al sol, y otro haberle visto adorar a la luna, aunque los dos hechos probarían igualmente la idolatría, la prueba sería descartada como incompleta, y el acusado absuelto"* (Maimónides, tratado *Sanedrín,* cap. XX y ss.). Ahora bien, tal era el caso de los dos testigos ante Jesucristo y en presencia de los juristas del sanedrín.

Al declarar que Jesús había dicho: *destruiré este templo hecho con la mano del hombre,* el primer testigo acusaba a Cristo de una intención de atentar contra la religión y contra una propiedad nacional; mientras que, con su declaración: *yo puedo destruir el templo de Dios,* el segundo testigo sólo atribuía a Jesús unas palabras de fanfarronería y jactancia. Es decir, no había concordancia en los testimonios, como señala muy justamente el evangelista San Marcos, *"y ni aún así era acorde su testimonio" (Mc.* 14, 59). En consecuencia, a menos de cometer una UNDÉCIMA irregularidad, ¡Jesucristo debía ser absuelto!

Segundo interrogatorio de Jesús por Caifás

Pues bien, se cometió esta undécima irregularidad. Lejos de descartar esas declaraciones no concordantes, como la justicia le obligaba a hacer, Caifás las acepta y las convierte en base para un segundo interrogatorio: *"y levantándose el sumo sacerdote y adelantándose al medio, interrogó a Jesús, diciendo: ¿No respondes nada? ¿Qué es lo que éstos testifican contra ti?"* (Mc. 14, 60). Era como decirle: *"¿es que no entiendes los cargos abrumadores que estos testigos hacen caer sobre ti? ¿Qué haces? ¡Habla!"*. Caifás esperaba que Jesús, provocado en su amor propio, daría explicaciones, y sus respuestas le llevarían más lejos de lo que quería.

"Mas Él se mantenía callado y no respondía nada" (Mc. 14, 61). La causa de Jesucristo se defendía a sí misma; no había ni que abogar por ella. Puesto que Jesús no había aludido en modo alguno al templo material de Jerusalén, sino al templo místico de su cuerpo, la explicación que se esperaba de Él se encontraba en sus palabras, pero referidas tal como las había pronunciado, y no falsificadas por los testigos. En cuanto a Caifás, Jesús no le respondió nada para mostrarle que le había descubierto. Su silencio constituía un elocuente reproche. Y en ese momento del proceso se cumplía el oráculo de David: *"lazos tienden también quienes a mi vida atentan, y los que buscan mi ruina amenazan destrucción y están fraguando tramas todo el día. Mas yo, cual sordo, no presto oídos y soy como mudo que no abre su boca"* (Sal. 37/38, 13-14).

Resulta sorprendente que ese tranquilo y majestuoso silencio de Jesús no haya abierto los ojos a sus jueces. ¡Es tan poco natural que un hombre lo guarde en circunstancias en que su vida está en juego! Dentro de pocas horas, Pilatos, pese a ser pagano, se verá sorprendido por el silencio que Jesús mantendrá también ante él; se sentirá imbuido de turbación y respeto, y se esforzará por evitar a Cristo el suplicio. Pero aquí, Caifás y el sanedrín, lejos de reconocer en su silencio a Aquel que había profetizado Isaías, indicando hasta ese silencio y esa actitud (*"no abre su boca, como cordero llevado al matadero"* [*Is.* 53, 7]), sienten crecer su rabia. No quieren verse agobiados durante mucho tiempo por el silencio acusador que les confunde y les domina. ¡Una salida! Les hace falta una salida para acabar deprisa... y Caifás sabrá encontrarla.

Tercer interrogatorio de Jesús por Caifás

"De nuevo el sumo sacerdote le interrogó y le dijo: ¿Tú eres el Mesías, el Hijo del Bendito?" (*Mt.* 26, 63; *Mc.* 14, 61). Hay que constatar una cosa de la mayor importancia, y es el cambio súbito que se produce en la acusación. Ya no se trata de testigos, ni de declaraciones; Caifás, por decirlo así, los tira al cesto de los papeles, y al hacerlo declara insuficientes todos los testimonios tan penosamente buscados hasta entonces y tan vergonzosamente recogidos: confiesa, dada la necesidad en que se encuentra de interrogar él mismo a Jesucristo sobre su estado, que no había ni una palabra ni una acción que reprocharle. Pero entonces, ¿por qué Jesús está atado? ¿Por qué se le ha traído ante el sanedrín como a un malhechor, si todavía no se sabe si lo es, y se ven reducidos a saberlo de su misma boca?

Los testigos y sus declaraciones ya están descartados. La escena cambia, y sólo va a aparecer Caifás. Él, que ya es juez y presidente del tribunal, va a ocupar el lugar de los testigos y a adoptar por segunda vez el papel de acusador. Pero declarándose parte contra Jesucristo (siendo así que sus funciones le impedían ser otra cosa que juez: juez de las declaraciones y de la defensa), acumula una DUODÉCIMA irregularidad *(Deut.* 19, 16-17).

Y una DECIMOTERCERA, el juramento con que impera a Jesucristo: *"te conjuro por el Dios vivo que nos digas si tú eres el Mesías, el Hijo de Dios"* (Mt. 26, 63). Era a los testigos a quienes había que hacer esta terrible conminación para obligarles a decir la verdad. Así lo exigía la ley: *"piensa que una gran responsabilidad pende sobre ti (...) Si haces condenar injustamente al acusado, Dios te pedirá cuentas, como le pidió cuentas a Caín de la sangre de Abel"* (Mischná, tratado *Sanedrín,* cap. IV, n. 5). Pero aunque el juramento era obligatorio para los testigos, estaba prohibido para el acusado, porque habría supuesto situarle en la alternativa de perjurar o de incriminarse a sí mismo: *"tenemos como principio fundamental que nadie puede perjudicarse a sí mismo"* (Mischná, tratado *Sanedrín,* cap. VI, n. 2). Ahora bien, en este proceso inicuo no se les exige ningún juramento a los testigos, ¡y se le pide al acusado! Esta grave infracción contra la moral y la jurisprudencia la había anunciado y estigmatizado un profeta: *"ellos, los que te nombran en el lecho infamante, los que juran en falso por tus ciudades"* (Sal. 138, 20).

En cuanto al tono de la pregunta, no era más que una trampa por parte de Caifás. Al conjurar a Jesús, en el nombre de Dios vivo, a declarar si era el Hijo de Dios, Caifás preveía que, fuese cual fuese su respuesta, la consecuencia sería una sentencia de muerte. Si Jesús —decía para sí— niega ser el Hijo de Dios, será condenado por impostor, porque ciertamente ha enseñado lo contrario. Si confiesa que es el Hijo de Dios, la condena no es menos cierta, porque será declarado culpable de blasfemia. De este modo, la confesión era un crimen, y la negación, otro.

Y Jesús le dijo: *"yo soy"* (Mc. 14, 61-62). Jesús respeta la majestad del nombre de Dios presente en los labios del sumo sacerdote. Cede ante una interpelación cuya malicia conoce, pero que está revestida de lo que hay de más augusto en la religión. No le ha confundido la simulación del pontífice, pero quiere honrar el nombre de Dios, del cual se sirve para cubrirla.

La condena del sanedrín

"Entonces el sumo sacerdote rasgó sus vestiduras, diciendo: Blasfemó, ¿qué necesidad tenemos ya de testigos? Ahora mismo oísteis la blasfemia. ¿Qué os parece? Ellos, respondiendo, dijeron: Reo es de muerte" (Mt. 26, 65-66). Se precipita el desenlace y se acumulan las irregularidades.

El sumo sacerdote rasga sus vestiduras. ¡Un juez que se irrita, que se encoleriza hasta el punto de desgarrar sus vestiduras! No sólo hay ahí una DECIMO-CUARTA irregularidad en materia de justicia, pues existe una violación de la dulzura y del respeto hacia el acusado prescritos por la ley al juez hebreo: *"hijo mío, confiesa tu falta (...) Queridísima hija, ¿cuál es la causa de vuestro pecado?"* (Jos. 7, 19; Mischná, trata-do *Sotá*, cap. I, n. 4). También hay una violación de la ley religiosa, que prohíbe expresamente al sumo sacerdote rasgar sus vestiduras. Todo israelita podía hacerlo como signo de dolor, pero no el sumo sacer-dote; se lo prohibía una interdicción absoluta, por-que sus vestiduras, ordenadas por Dios, eran la figu-ra del sacerdocio: *"el sumo sacerdote entre sus hermanos, sobre cuya cabeza fue derramado el óleo de la unción y a quien se confirió la investidura, revistién-dole las vestiduras* [sagradas], *no descuidará su cabeza ni rasgará sus vestidos"* (Lev. 21, 10). ¡Rasga tus vesti-duras, oh Caifás! ¡No concluirá el día sin que el velo del templo se rasgue también, signos, el uno y el otro, de que el sacerdocio de Aarón y el sacrificio de la ley de Moisés han sido abolidos para dejar lugar al sacerdocio eterno del Pontífice de la Nueva Alianza!

"¡Blasfemó!": hay dos irregularidades en este grito del pontífice. Una DECIMOQUINTA, porque criminali-za la respuesta del acusado antes de haberla exami-nado. Esta respuesta ha sido emitida en los mismos términos que la pregunta. Caifás había preguntado a Jesucristo si Él era el Hijo de Dios. Y Jesucristo le responde: *"lo soy"*. La equidad exige entonces exami-nar si Jesús dice la verdad. Ordenad que se traigan los libros santos, abridlos en vuestro tribunal, enu-

merad los caracteres del Mesías, buscad sobre todo si debe ser el Hijo de Dios. Una vez hecho eso, examinad todos esos caracteres en el personaje que tenéis ante vosotros, y que se proclama Hijo de Dios. Si de todos los caracteres anunciados por los profetas, falta uno solo, ¡afirmad clara y valientemente que ha blasfemado! Pero criminalizar su respuesta antes de haberla sometido al examen más superficial, ¿no es cometer un acto inicuo y odioso? ¿No es insultar a la justicia? ¿No es violar el más elemental deber de vuestro cargo: examinar las cuestiones? *"Los jueces indagarán bien..."*, dice el Deuteronomio (19, 18). ¿Oís? ¡Indagarán bien! ¡Y aquí ni siquiera hay indagación! *"Los jueces sopesarán en la sinceridad de su conciencia"*, añade la Mischná (tratado *Sanedrín*, cap. IV, n. 5); y aquí, la conciencia es asfixiada.

La DECIMOSEXTA irregularidad la comete Caifás cuando grita *"¡blasfemó!"* (*Mt.* 26, 25), con lo cual se permite influir en la opinión de los demás jueces. Al calificar de blasfema la respuesta del acusado, quita toda libertad de sufragio a los jueces subalternos. *"Yo absuelvo (...) yo condeno"*, así debía ser, según la Mischná (tratado *Sanedrín*, cap. V, n. 5), la fórmula de su voto, mientras que al gritar *"¡blasfemó!"*, no deja a sus colegas la posibilidad de emitir una opinión diferente a la suya, puesto que entre los judíos la autoridad del sumo sacerdote se consideraba infalible.

Pero hay algo no menos inicuo: *"¿qué necesidad tenemos ya de testigos?"*. ¿Cómo? ¿Osa proclamar un juez que puede prescindir de los testigos, cuando la ley los exige? ¿Acaso no prescribe la ley que se descienda hasta los detalles más nimios? ¿Acaso no ordena plantearle a cada testigo siete tipos de cuestiones: *"¿es un año jubilar? ¿es un año ordinario? ¿qué mes? ¿qué día del mes? ¿a qué hora? ¿en qué lugar? ¿es esta persona?"* (Mischná, tratado *Sanedrín,* cap. V, n. 1). Pero Caifás, que desea ardientemente que Cristo sea condenado lo antes posible, pisotea todo procedimiento, no quiere más, los suprime; es la DECIMOSÉPTIMA irregularidad.

Y comete todavía una DECIMOOCTAVA: *"¿qué os parece?" (Mt.* 26, 66). Nada más irregular que pedir los votos públicamente y en general. *"Los jueces absuelven y condenan por turno",* dice la Mischná (tratado *Sanedrín,* cap. XV, n. 5). ¡Por turno, Caifás! ¡Mientras que tú haces condenar en masa! Y luego, ¡qué amarga burla! Tras haber rasgado él mismo sus vestimentas con todas las señales del horror más profundo; tras, con ese acto, haber asustado a todos los asistentes con un terror religioso; tras haber calificado de horrenda blasfemia la respuesta de Jesucristo; tras haber declarado que ya no hay necesidad de nuevas pruebas ni de nuevos testimonios para dictar contra él una pena capital, ¿no es la más amarga de las burlas preguntarle a sus colegas *qué les parece?* Así, la respuesta del sanedrín fue la que el pontífice había previsto. Todos respondieron: *"Reo es de muerte" (Mt.* 26, 66; *Mc.* 14, 64). ¡Cuántas irregularidades en esta sentencia!

Una DECIMONOVENA, porque no hay deliberación, y los jueces, con la sola afirmación de Caifás, dictan rápidamente una sentencia de muerte: *"habiendo juzgado, los jueces se reúnen y recomienzan entre ellos el examen de la causa"* (Mischná, tratado *Sanedrín*, cap. V, n. 5).

Una VIGÉSIMA, porque la sentencia se dicta el mismo día en que ha comenzado el proceso, mientras que según la ley debía diferirse hasta el día siguiente. *"Todo juicio criminal puede terminar el día mismo en que comenzó, si el resultado de los debates es la absolución del acusado. Pero si se debe pronunciar la pena capital, no deberá terminar hasta el día siguiente"* (Mischná, tratado *Sanedrín*, cap. IV, n. 1).

Una VIGESIMOPRIMERA, porque los dos escribas no han recogido los votos, como tampoco los jueces habían votado por turno: *"a cada lado del sanedrín estaba situado un secretario encargado de recoger los votos: uno, los de quienes absolvían; otro, los de quienes condenaban"* (Mischná, tratado *Sanedrín*, Cap. IV, n. 3).

Así fue esta sesión nocturna, vislumbrada proféticamente por un oráculo de David: *"una asamblea de malvados me ha traído en medio de ellos. Hombres pecadores se han citado, esperando la ocasión favorable para perderme"* (Sal. 21 y 118). Veintiuna irregularidades se cometieron, y ni uno de los jueces se levantó para protestar. Es lo que señala el Evangelio: *"todos* [omnes] *le condenaron, diciendo ser reo de muerte"* (Mc. 14, 64). Con intención resalta el Evangelio esa palabra: es como una exclamación sentenciosa, como un gemido de escándalo y de dolor que denota una gran sorpresa. Significa la extrañeza de que, entre los setenta y un miembros que componían el sanedrín, no se haya encontrado ni uno solo con conciencia y coraje suficientes para protestar contra un procedimiento tan inicuo. Es porque todos los que tomaron parte en él eran adictos a Caifás, y tan corruptos como él. Por eso no hubo protestas contra las irregularidades.

Tampoco una sola voz en favor de la defensa. Y sin embargo, la ley judía autorizaba a cualquier persona a tomar la palabra en favor del acusado, lo cual se consideraba un acto de piedad: *"cuando salía a la puerta alta de la ciudad* [99] *(...) yo quebraba las muelas del injusto y de sus dientes hacía soltar la presa"* (Job, 29, 7-17). ¡Pero en esta sesión nocturna, los dos únicos miembros del sanedrín que sin duda hubiesen tomado la palabra en favor del acusado, José de Arimatea y Nicodemo, no estaban presentes! Habían rechazado participar en una sesión irregular, reunida durante la noche y en la solemnidad de Pascua. Sabedores por anticipado de que su voz no sería escuchada, puesto que ya en un consejo precedente la protesta de Nicodemo había sido desdeñosamente ahogada[100], ambos se habían cuidado de mantenerse al margen de los designios y los actos del sanedrín. El Evangelio lo dice expresamente de José de Arimatea:

[99] Como ya hemos señalado, la justicia se administraba a las puertas de las ciudades.

[100] *"¿Acaso también tú eres de Galilea?"* (Jn. 7, 52).

"éste no había dado su asentimiento al consejo y al acto de los judíos" (Lc. 23, 51). No puede dudarse que lo mismo ocurrió con Nicodemo, que había asumido con tanto coraje la defensa de Jesucristo.

El pobre acusado se quedó pues solo y sin defensa. Cuando los once hijos de Jacob se concertaron para matar a José, dos de ellos, Rubén y Judá, llenos de remordimientos, alzaron así la voz en su favor: *"vamos a vendérselo a los ismaelitas y no pongamos en él nuestras manos, ya que hermano nuestro y carne nuestra es" (Gén. 37, 27)*. Cuando el traidor Ajitofel persuadió al consejo presidido por Absalón de que persiguiese y matase a David, fue un extranjero, Jusay el arkita, quien asumió la defensa del infortunado monarca, traicionado por sus súbditos y perseguido por su hijo *(II Sam. 15, 32 y 17, 1-14)*. Pero aquí, ni una voz compasiva en favor de Aquel que era más hermano que José, más rey y más padre que David. El pobre inocente vio cumplirse literalmente la profecía que anunciaba que sería abandonado a la indiferencia *"como un objeto perdido" (Sal. 30, 13)*.

Una vez que el sanedrín, interpelado por Caifás, hubo declarado por unanimidad que Jesús merecía la muerte, se hizo una señal a la soldadesca para que le prendiesen y le vigilasen durante el resto de la noche.

Tuvo lugar entonces una escena extraña: *"entonces escupieron en su rostro y le dieron de puñadas, y otros le abofetearon, diciendo: Profetízanos, Mesías, ¿quién es el que te dio?" (Mt. 26, 67-68)*. Así, tras su condena, Jesús fue entregado a los soldados y a los guardias, a quienes se dejó libertad para que practicasen sobre su persona todos los ultrajes que quisieran. Muchos autores han considerado esta noche cruel como uno de los mayores tormentos de la Pasión de Jesucristo. Lo único cierto es que, desde el punto de vista jurídico, fue una barbaridad. En toda nación civilizada, un condenado (por criminal que sea) se encuentra, hasta la hora del suplicio, rodeado de toda la protección de la ley; y jamás se vio en parte alguna a los jueces tolerar así, por parte de soldados y guardias, excesos que rechaza no sólo la justicia, sino la naturaleza y, nos parece, la misma razón.

Puesto que esta barbaridad fue cometida tras haberse levantado la sesión nocturna, no la añadiremos al elenco, ya numeroso, de las irregularidades. Pero vergüenza y mil veces vergüenza será para Caifás, quien al tolerar que esa licencia y esas vejaciones tuviesen lugar en su propia casa, asumió sobre su cabeza la villanía de los filisteos contra la persona de Sansón (*Juec.* 16, 25). Como Sansón, que era su figura, Jesucristo fue rodeado por gentes que, disfrutando con sus desventuras, se entretuvieron escupiéndole a la cara y colmándole de burlas. A todo el mundo se le permitió insultarle, golpearle, saciarse con sus oprobios. Pero, a la hora en que todas estas cosas pasaban, se cumplía un nuevo pasaje de las profecías: *"han abierto contra mí su boca, afrentosamente han abofeteado mis mejillas, a una se han amotinado contra mí (...) abomínanme, se han alejado de mí y no se retraen de escupirme a la cara"* (*Job* 16, 11 y 30, 10).

Capítulo IV
Irregularidades jurídicas de la sesión de la mañana

Motivo de esta segunda sesión

"Llegado el amanecer, tomaron consejo todos los sumos sacerdotes y los ancianos del pueblo contra Jesús al efecto de darle muerte; y habiéndole atado, le llevaron y entregaron a Poncio Pilatos, el gobernador" (Mt. 26, 1; Mc. 15, 1; Lc. 22, 66). Caifás y los miembros del sanedrín tenían el máximo interés en impedir que el procedimiento nocturno y la condena dictada contra Jesucristo tuviesen alguna sombra de nulidad. Como hemos visto, se habían cometido irregularidades escandalosas (convocatoria nocturna totalmente inusitada, testimonios contradictorios, juicio precipitado, etc.) y podían levantarse de golpe embarazosas protestas populares. Por otra parte, les venía muy bien conseguir, mediante una nueva confesión del condenado, una prueba aún más perentoria de su pretendida blasfemia, y dar entonces toda la solemnidad posible a su condena. En consecuencia, todo el sanedrín se reunió de nuevo por la mañana para *"tomar consejo contra Jesús al efecto de darle muerte"*.

Pero ¡cuidado! No se trata en modo alguno de revisar la sentencia pronunciada la víspera. Jesús está condenado, condenado sin remisión. Se trata únicamente de entregarle a la muerte con unas formalidades y un aparato jurídico capaces de imponerse al pueblo. Se busca una formalidad jurídica; y vamos a constatar que, lejos de volver a la legalidad, se van a agravar las infracciones de la víspera con nuevas infracciones.

En primer lugar, el sanedrín se reunió al amanecer, en cuanto se hizo de día *(Mc.* 15, 1; *Lc.* 22, 66). Esta precipitación supone una VIGESIMOSEGUNDA irregularidad. Porque le estaba prohibido al sanedrín convocarse antes de realizar el sacrificio de la mañana: *"se reunían desde el sacrificio matutino hasta el sacrificio vespertino"* (Talmud de Jerusalén, tratado *Sanedrín,* cap. I, fol. 19). Ahora bien, al reunirse en cuanto salió el sol, los jueces de Jesucristo no esperaron a que se realizase el sacrificio, puesto que los preparativos del sacrificio comenzaban justo al alba[101], y luego era precisa una hora para que la víctima pudiese ser inmolada, despellejada, ofrecida y consumida con las oraciones acostumbradas. Así pues, era una

---

[101] Para fijar el momento del sacrificio, la Biblia se limita a señalar la *mañana* y la *tarde: "esto es lo que has de ofrecer sobre el altar: dos corderos añales cada día perpetuamente. Uno de los corderos lo ofrecerás por la mañana y el segundo cordero lo ofrecerás al atardecer"* (*Éx.* 29, 38-39). Pero el historiador Josefo indica el momento preciso en que se realizaban uno y otro sacrificio: *"la ley ordena que se inmolen todos los días dos corderos de un año, uno al comenzar el día, el otro cuando termina"* (*op. cit.,* III, X, 1).

hora indebida para que el sanedrín comenzase la sesión.

Además, es ya el gran día de Pascua, durante el cual está escrupulosamente prohibido todo juicio. Porque si estaba prohibido juzgar en día de sábado (*"no se juzgue ni en día de sábado, ni en día de fiesta"*, Mischná tratado *Betza*, cap. V, n. 2), con mayor motivo esta prohibición era vinculante en un día tan solemne como el de Pascua. Por tanto, en esta violación encontramos una VIGESIMOTERCERA irregularidad. Orígenes, uno de los más célebres comentaristas de la Biblia, recordando las palabras del Señor a los judíos contemporáneos de Isaías (*"vuestros novilunios y vuestras solemnidades odia mi alma, se me han hecho carga, estoy cansado de soportarlos"* [*Is.* 1, 14]), añade con razón: *"proféticamente, Dios afirmó que odiaba las fiestas de la sinagoga; porque, al entregar a Jesús a la muerte el mismo día de Pascua, los judíos cometieron un crimen"* [102].

Nuevo y sumario interrogatorio de Jesucristo

"Y le llevaron a su sanedrín; y decían: Si tú eres el Mesías, dínoslo" (*Lc.* 22, 66-67). Es preciso constatarlo una vez más: el primer sistema procesal se ha abandonado por completo. Ya no se esfuerzan en buscar y provocar falsos testimonios; ya no se invocan contra Jesucristo palabras que Él no ha pronunciado.

[102] Orígenes, *Comment. in Joann.*

Ese procedimiento fracasó la víspera, y el sanedrín sabe bien que volviendo a él no conseguirá sus objetivos. Sabe también que Jesús no mentirá ni a sí mismo ni a los demás, y que preguntándole una segunda vez si Él es el Cristo, en su respuesta se encontrará cómo confirmar la sentencia de condenación.

Jesús les respondió: *"si os lo digo, no me creeréis; y si, por otra parte, os interrogare, no me responderíais. No obstante, a partir de ahora estará el Hijo del hombre sentado a la diestra del poder de Dios" (Lc. 22, 67-69).* Con esta respuesta, Jesucristo daba a entender claramente a sus jueces que si le interrogaban de nuevo no era para conocer la verdad, sino, una vez más, para sorprenderle y para condenarle. Sin embargo, Él no deja de decirles: desde aquí, es decir, desde esta asamblea coaligada contra mí, y desde estas cuerdas que atan mis manos, iré, después de que lo hayáis ensayado todo contra mí, a sentarme en el trono del Todopoderoso y a ocupar un lugar a la diestra de Dios.

Entonces dijeron todos: *"¿conque tú eres el Hijo de Dios? (Lc. 22, 70).* La conclusión extraída por el sanedrín era de una rigurosa exactitud. Las expresiones salidas de los labios de Jesucristo *(sentado a la diestra del poder de Dios)* no podían convenir a una simple criatura. De esa forma todos los jueces comprendieron perfectamente que al decir que le verían *sentado a la diestra del poder de Dios,* Jesucristo se atribuía el mismo honor, el mismo poder, la misma majestad, y en consecuencia la misma naturaleza que Dios mismo.

"Él les dijo: vosotros decís que yo soy" (*Lc. 22, 70*). Jesús repite en los mismos términos y con la misma solemnidad la confesión que había hecho durante la sesión nocturna. Al interrogatorio de Caifás: *"¿eres tú el Cristo, el Hijo de Dios?",* Él había respondido: *"tú lo has dicho, yo lo soy".* Y ahora que el sanedrín entero le pregunta: *"¿conque tú eres Hijo de Dios?",* responde: *"vosotros decís que yo soy".*

El sanedrín renueva la sentencia de la víspera

"Ellos dijeron: ¿a qué necesitamos ya de testimonio? Pues nosotros mismos lo oímos de su propia boca" (*Lc. 22, 71*). De este modo, la segunda asamblea general confirma la sentencia de la primera. Todas las voces reunidas pronuncian contra Jesús la misma sentencia de muerte; y los jueces, en su apresuramiento por ver ejecutar esa sentencia, declaran que el procedimiento queda cerrado; que todo examen, que toda investigación más minuciosa, son ya inútiles.

¡El procedimiento quedó cerrado, hombres del sanedrín, pero la suma de vuestras irregularidades todavía no! La VIGESIMOCUARTA irregularidad, porque lleváis a cabo, como la víspera, una votación en masa, cosa absolutamente prohibida por la ley: *"cada uno, por turno, absolverá o condenará"* (Mischná, tratado *Sanedrín,* cap. V, n. 5).

Irregularidad también, porque teníais la obligación estricta de controlar con atención la respuesta del acusado. Desde el momento en que le planteasteis esa cuestión: *"¿eres tú el Hijo de Dios?"* y que a esta cuestión Jesús había respondido: *"vosotros lo decís: yo lo soy"*, debisteis someter enseguida al más riguroso estudio las dos proposiciones contenidas en la respuesta de Jesús: una, si el Mesías debía ser el Hijo de Dios; y otra, si era Jesucristo ese Hijo de Dios. Al no haberlo hecho, habéis asumido una VIGESIMOQUINTA irregularidad.

Y una VIGESIMOSEXTA, porque habéis dictado inmediatamente una sentencia que teníais que diferir. Esta infracción judicial, ya cometida la víspera, la renováis esta mañana. Para revestirse de una forma regular, la sentencia debía haberse retrasado hasta el sábado por la mañana. En efecto, al haber comenzado el proceso la noche del jueves al viernes, quedaba inscrito en la fecha del viernes, puesto que los hebreos contaban los días desde un poniente a otro *(Lev.* 23, 32). El primer día del proceso transcurría pues desde el jueves por la tarde hasta el viernes por la tarde. Ahora bien, como por otro lado había obligación, como ya hemos constatado, de dejar una noche de intervalo entre la clausura de los debates y el pronunciamiento de la sentencia (*"si se debe pronunciar la pena de muerte, el proceso sólo podrá concluir al día siguiente"*, Mischná, tratado *Sanedrín,* cap. IV, n. 1), se sigue que no era ni el jueves por la tarde, ni el viernes por la mañana, ni siquiera el viernes por la tarde, sino únicamente el sábado por la mañana, cuando la sentencia podía dictarse de forma legal.

¡Son ya veintiséis irregularidades!

Y he aquí ahora la VIGESIMOSÉPTIMA y última: la pena de muerte contra Jesús es inválida, porque ha sido dictada en un lugar prohibido, en casa de Caifás, mientras que sólo podía ser pronunciada en la sala *de las piedras de sillería,* obligatoriamente dedicada a los juicios criminales, so pena de nulidad: *"sólo podía haber sentencia capital si el sanedrín se reunía en su lugar, en la sala de las piedras de sillería"* (Talmud de Babilonia, tratado *Abodá Zará o de la Idolatría,* cap. I, fol. 8, y Maimónides, tratado *Sanedrín,* cap. XIV). Los autores talmúdicos comprendieron tan bien la gravedad de esta última irregularidad, que intentaron establecer, en muchos lugares, que Jesús había sido llevado, juzgado y condenado en la sala *de las piedras de sillería,* adonde habría acudido expresamente el sanedrín para condenarle. Así, se lee en la *Tosefta o Adiciones* del Talmud de Babilonia, tratado *Sanedrín,* cap. IV, fol. 37, recto: *"hay que señalar que cada vez que la necesidad de una causa lo exigía, el sanedrín acudía a la sala Gazit o de las piedras de sillería, como hizo en el caso de Jesús y otros parecidos".*

Pero no es más que una suposición ridícula, imaginada a modo de disculpa seis siglos después del hecho. Porque la verdad histórica, establecida por el Evangelio y confirmada por el informe de testigos oculares, es ésta: que Jesús fue conducido, juzgado y condenado en casa de Caifás. ¡Y nada borrará ni desmentirá jamás estas breves pero perentorias palabras del apóstol San Juan: *"llevaron a Jesús desde casa de Caifás hasta el pretorio de Pilatos"* (Jn. 18, 28)!

Y ahora ya está conseguido: ¡Cristo ha sido condenado! Los sacerdotes, los escribas, los ancianos se precipitan desde sus asientos; y atando a la víctima, van a llevarla tumultuariamente a casa de Pilatos para solicitar la ratificación de su sentencia y hacerla ejecutar *(Mt. 27, 2; Mc. 15, 1; Lc. 23, 1; Jn. 18, 28)*.

Muchas y conmovedoras cosas podrían resaltarse sobre la parte de culpabilidad que la multitud, por su parte, va a asumir al reclamar, instigada por los sacerdotes y los escribas, la muerte inmediata de Jesucristo. Pero, aparte de que será objeto de otro escrito, es importante no distraernos de nuestro objetivo, que ha sido estigmatizar al sanedrín como asamblea malvada. Fue éste quien hizo comparecer a Jesucristo, quien Le juzgó, quien Le condenó. La residencia de Caifás, donde el sanedrín se reunió, fue el antro y la fuente emponzoñada de toda injusticia: las barbaridades del pretorio no fueron sino sus consecuencias. ¡Es al sanedrín, cuyas personas y cuyos actos hemos estudiado con detalle hasta el momento, al que es imprescindible juzgar de forma definitiva!

Conclusión

La finalidad que nos propusimos al emprender este trabajo era estudiar bajo un doble aspecto el sanedrín que juzgó a Jesucristo: primero en sus miembros, luego en sus actos. Ahora bien, ¿qué nos han revelado las investigaciones (que nos atrevemos a calificar de leales y escrupulosas) que hemos realizado?

En sus miembros, esta sala de lo criminal se nos ha presentado como un conjunto de hombres en su mayoría indignos de las funciones que desempeñaban: sin piedad, ni rectitud, ni moralidad. ¡Hasta los historiadores de su propia nación les condenan!

En sus actos, es decir, en su forma de proceder, hemos constatado barbaridades sin nombre... ¡veintisiete irregularidades, de las cuales una sola bastaría para revocar el juicio! Hemos determinado estas irregularidades confrontándolas con el derecho penal hebraico entonces vigente; todavía se descubrirían más si se revisase el proceso de Jesús según el derecho, más delicado y perfecto, de los pueblos modernos.

Ningún valor moral en los jueces, ningún valor jurídico en su sentencia: ¡tal es, oh israelitas, la opinión que emitimos y que emitirá con nosotros todo espíritu sincero y toda conciencia honesta tras haber leído estas páginas!

Pues bien, permitidnos que os preguntemos: ante tal espectáculo ¿no existe para todo israelita una razón de honor, digamos más, una razón de justicia, que obliga a no dar por bueno el veredicto del sanedrín antes de haber examinado uno mismo quién era Jesucristo? Sin duda no puede ser un hombre normal; la prueba es el extraño procedimiento que se siguió con Él. Es evidente que descubrir una irregularidad en un proceso no supone justificar al acusado, pues puede ser efecto de la inadvertencia o del azar. Pero cuando en toda la trama de un procedimiento, cuando desde el principio hasta el final de una sesión judicial, uno ve desarrollarse y sucederse, una tras otra, veintisiete irregularidades, todas ellas graves, todas ellas escandalosas, todas ellas consentidas con terquedad, ¿no es una prueba irrefragable de que el acusado víctima de tales procedimientos era una persona especial? ¿Quién era pues este extraño acusado?

El día en que entró triunfalmente en Jerusalén (cinco días antes de su proceso), los judíos venidos de lejos para asistir a las fiestas de Pascua, venidos del país de los partos, del país de los medos, de Persia, de Mesopotamia, del Ponto, de la Frigia, de todas las llanuras conocidas de Asia, de los confines de Libia, de la Cirenaica, de Creta, de Egipto, de Arabia, de Roma... esos judíos, ante el espectáculo de su triunfo y del entusiasmo popular, se preguntaron, cada uno en su lengua: *"¿quién es Éste?" (Mat.* 21, 10).

El espectáculo de la injusticia, ¡oh israelitas!, más aún que el del triunfo, exige hoy que os planteéis a vosotros mismos esta cuestión. *¿Quién es Éste,* contra el cual violó el sanedrín toda justicia? *¿Quién es Éste,* que sólo dulzura opuso a la violencia de sus jueces? *¿Quién es Éste,* que bebió el agua amarga del Cedrón como David, y fue vendido como José? A diecinueve siglos de distancia, una vez apagado el tumulto y extinguidas las pasiones, cualquier leal israelita puede resolver fácilmente esa cuestión con la Biblia en la mano.

En cuanto a nosotros, hermanos vuestros según la carne, hace veinte años que sabemos quién es Él; y jamás volvemos sin profunda emoción nuestros ojos y nuestros corazones hacia esa página de nuestra Biblia inspirada, que nos vais a permitir colocar ante vuestros ojos. Meditadla, ¡oh israelitas! Os revelará *quién era* el condenado por el sanedrín, al mismo tiempo que os hará conocer cuál debe ser, aquí abajo, el último acto del pueblo judío antes de entrar, con sus tribus y sus familias, en la tierra prometida de la Iglesia, y más tarde en la tierra prometida de la eternidad.

He aquí esta página del profeta Zacarías: *"en aquel día protegerá Yahveh a los habitantes de Jerusalén, y el más vacilante entre ellos llegará a ser a la sazón como David, y la casa de David será a la cabeza de ellos como Dios (...) Y derramaré sobre la casa de David y sobre el habitante de Jerusalén espíritu de favor y de plegarias, y contemplarán a aquel a quien traspasaron, y plañirán por él cual suele plañirse por el hijo único, y se*

129

hará duelo amargo por él como suele hacerse por el primogénito (...) Y plañirá la tierra, cada familia por separado: la familia de la casa de David aparte, y sus mujeres aparte; la familia de la casa de Natán aparte, y sus mujeres aparte; la familia de la casa de Leví aparte, y sus mujeres aparte; la familia de Simí aparte, y sus mujeres aparte; todos los linajes restantes, linaje por linaje aparte, y sus mujeres por separado (...) Diránle entonces: '¿Qué significan esas heridas en tus manos?' 'Porque fui herido en casa de mis amigos', contestará (...) Él invocará mi nombre, y yo le atenderé y diré: 'Tú eres mi pueblo'; y él dirá: 'Yahveh es mi Dios' " (Zac. 12, 8-14 y 13, 6-9).*

Ante esta descripción, ante ese diálogo, antes esas llagas en las manos y en los pies, ¿quién de vosotros, ¡oh israelitas!, no reconocerá, si obra de buena fe y si la gracia se digna alcanzarle, al Hombre-Dios condenado por el sanedrín? Porque las Escrituras os dicen su nombre: ¡era el Mesías, el Señor! Y nuestros padres, ¡ay!, no le conocieron. Pero sus hijos le reconocerán un día; cada uno de ellos dirá: *¡Señor mío y Dios mío!* Y, al reconocerle, le pedirán contemplar las llagas de sus manos y sus pies; y acercarán sus labios a esas llagas; y sobre esas llagas dejarán correr torrentes de lágrimas. Y la tierra se conmoverá ante ese espectáculo; todos los hombres llorarán con ellos, *"cada familia aparte, cada linaje aparte"*.

Ese día de sublime y emotivo reconocimiento, a nosotros que escribimos estas páginas no nos será dado contemplarlo en la tierra: la habremos abandonado mucho tiempo antes. Pero, desde lo alto del cielo, donde Dios, así lo esperamos, nos hará la gracia de recibirnos, nos uniremos a nuestro pueblo convertido y arrepentido. En el cielo ya no hay lágrimas; y por eso pediremos prestadas, para ofrecerlas a Dios, las lágrimas de nuestros hermanos: casa de David, casa de Natán, casa de Leví, casa de Simí, cuando resplandezca el día de ese sollozo *("¿qué significan esas heridas en tus manos?"),* ese día, ¡ah! acordaos de dos hijos de Israel, sacerdotes de Jesucristo, que escribieron estas páginas. Y a cambio de las horas que consagraron a este trabajo... ¡verted como homenaje algunas de vuestras lágrimas! ¡Vertedlas, en su nombre, a los pies de Aquél a quien condenó el sanedrín!

PER CHRISTUM ET CUM CHRISTO
PAX SUPER ISRAEL

ESTE LIBRO, PUBLICADO POR
EDICIONES RIALP, S. A.,
MANUEL URIBE, 13-15, 28033 MADRID,
SE TERMINÓ DE IMPRIMIR EN
ANZOS, S. L., FUENLABRADA (MADRID),
EL DÍA 18 DE FEBRERO DE 2026,
MIÉRCOLES DE CENIZA.